W0067694

Weihnachtssterne überall

Geschichten und Gedichte für die Adventszeit

von Rolf Krenzer
mit farbigen Bildern von Magdalene Hanke-Basfeld

Herder Freiburg · Basel · Wien

Gedruckt auf umweltfreundlichem,
chlorfrei gebleichtem Papier

Einbandgestaltung: Magdalene Hanke-Basfeld

Alle Rechte vorbehalten – Printed in Germany
© Verlag Herder Freiburg im Breisgau 1996
Herstellung: Freiburger Graphische Betriebe 1996
ISBN 3-451-26024-7

Der Adventskalender

Mitten in der Nacht wurde Saschas Mutter von einem leisen Tappen geweckt. Jemand ging mit vorsichtigen Schritten über den Flur.

Sie suchte im Dunkeln nach dem Schalter der Nachttischlampe und schaute verschlafen auf den Wecker. Noch nicht einmal fünf Uhr war es. Und stockdunkel obendrein.

Vorsichtig, um Vati nicht zu wecken, stieg sie aus dem Bett. Als sie die Schlafzimmertür öffnete, sah sie, daß in der Küche Licht brannte.

Und dann kam ihr auch schon Sascha entgegen.

„Sascha, wo warst du?"

„In der Küche", antwortete er leise.

„Das sehe ich selbst! Was hast du in der Küche gemacht?"

„Ich habe das Fenster für heute aufgemacht!"

„Was für ein Fenster?"

„Sieh mal! Ein kleiner Stern aus Schokolade war heute drin!"

„Du sollst das Fenster an deinem Adventskalender doch erst morgens öffnen!"

Sascha schaute seine Mutter mit großen Augen an.

„Es ist doch schon morgens!"

„Du siehst doch, daß es noch dunkel ist! Stockdunkel!"

„Wenn ich aufstehen muß, ist es auch noch dunkel!" sagte Sascha leise.

Das stimmte. Dagegen konnte Mutti wirklich nichts einwenden.

3

„Aber jetzt ist es erst fünf Uhr!" sagte sie.

„Ich war aber wach und konnte nicht mehr schlafen!"

„Gut, nun nimm dir deinen Schokoladenstern mit und schlafe noch einmal!"

Sie ging mit ihm in sein Zimmer und legte sich dann auch noch einmal hin.

In der nächsten Nacht, kurz vor fünf Uhr, war Sascha wieder in der Küche.

„Ich werde immer wach und kann nicht mehr einschlafen", sagte er und holte einen kleinen Käfer aus Schokolade aus dem nächsten Fensterchen heraus.

4

„Sascha, das muß anders werden!" sagte Mutti, als sie ihn zurück in sein Zimmer brachte. „Du kannst uns nicht morgens alle wecken, nur weil du zu deinem Adventskalender willst!"

„Vati schläft", sagte Sascha. „Das hörst du doch!"

„Morgen wird das anders!" sagte Mutti nur.

Nach dem Abendessen holte Mutti den Adventskalender und legte ihn auf den Tisch. „Vati und ich meinen, daß es am besten ist, wenn du dir den Adventskalender mit in dein Zimmer nimmst", sagte sie.

„Das Fenster wird aber erst morgens geöffnet!" fügte Vati hinzu.

Sascha nickte und strich ganz zärtlich über den Adventskalender mit den vielen bunten Fensterchen. Hinter jedem Fensterchen wartete ein Geheimnis.

„Ich weiß nicht, ob es schon morgen ist, wenn ich aufwache", flüsterte er und schaute seine Eltern mit großen Augen an.

„Ich lege dir meine alte Taschenuhr hin", sagte Vati einfach.

Da mußte sogar Mutti lachen.

„Er kann die Uhr doch noch gar nicht lesen!"

„Manchmal kommt es mir so vor, als könnte er es doch", meinte Vati nachdenklich. „Besonders, wenn es um die Anfangszeiten von den Fernsehsendungen geht, die er unbedingt sehen will!"

Vati überlegte einen Moment. „Du hast doch die Straßenlaterne direkt vor deinem Fenster", sagte er dann.

Sascha nickte.

„Nachts geht sie aus."

Wieder nickte Sascha.

„Und morgens geht sie ganz früh wieder an!"

„Ja", sagte Sascha. „Das weiß ich!"

„Dann ist morgens!" erklärte es Vati noch einmal.

Und als Sascha wieder nickte, sagte er: „Dann weißt du auch,

wann du das Licht anknipsen und das Fensterchen öffnen darfst!"
„Klar!" antwortete Sascha.
„Dann kann ich wohl heute nacht durchschlafen, bis der Wecker
klingelt", lachte Mutti.
Sie trugen den Adventskalender in Saschas Zimmer und hängten
ihn direkt neben seinem Bett so auf.
„Alles okay?" fragte Vati.
„Echt cool!" sagte Sascha und kletterte in sein Bett.

„Das hat geklappt!" sagte Mutti am nächsten Morgen, als sie nicht
von Sascha, sondern von ihrem Wecker geweckt wurde.
Sie ging unter die Dusche und bereitete dann das Frühstück vor.
Als sie in Saschas Zimmer kam, schlief er so tief und fest, daß sie
ihn richtig schütteln mußte, ehe er richtig wach war.
„Was ist denn mit deinem Adventskalender los?" fragte sie dann
erstaunt. „Das Fensterchen ist ja noch zu!"
„Ich bin nämlich erst jetzt wach geworden", antwortete Sascha
immer noch verschlafen. „Ich mache es aber gleich auf, wenn du
so darauf wartest!"

Olivers Winterstiefel

Als Oliver seinen linken Stiefel zum ersten Mal vermißt hatte, hatte er nach kurzem Suchen einfach seine Halbschuhe wieder angezogen. Vorige Woche erst hatte Mutti die neuen Winterstiefel gekauft. Seitdem trug Oliver sie den ganzen Tag, und er hätte sie am liebsten noch mit ins Bett genommen.

Es war noch nicht so richtig dezemberkalt, und Mutti hatte nichts dagegen, daß er mit den Halbschuhen zur Schule ging.

So vergaß Oliver, daß ihm seit diesem Morgen einer der beiden neuen Winterstiefel fehlte.

Als es aber dann zum allerersten Mal in diesem Winter schneite, da suchte er wieder nach dem linken Stiefel. Und als Oliver immer noch nicht zum Frühstück kam, ging Mutti in sein Zimmer, um ihn zu holen.

Oliver lag lang ausgestreckt unter seinem Bett.

„Was suchst du?" fragte Mutti.

„Nichts!" antwortete er und suchte weiter.

„Suche weiter, wenn du aus der Schule kommst", meinte Mutti. „Zieh mal deine Stiefel an und komm zum Frühstücken!"

Sie hat gut reden, dachte Oliver, als er zu seinem Regal hinkte und die Halbschuhe wieder anziehen wollte.

„Die Stiefel!" sagte Mutti nur und griff nach den Halbschuhen. „Die Halbschuhe haben jetzt Ferien bis zum Frühjahr." Dann ging sie hinaus und nahm sie mit.

Das war jedes Jahr so. Irgendwann, wenn Mutti es für richtig hielt, steckte sie die dünnen Kleider und die Halbschuhe und Sandalen weg, um für die Wintersachen Platz zu machen.

Noch einmal untersuchte Oliver auch den letzten Winkel in seinem Zimmer. Dann machte er sich auf Strümpfen auf den Weg zur Küche. Es gelang ihm auch, zu seinem Stuhl zu kommen, ohne daß Mutti merkte, daß er keine Schuhe an den Füßen hatte.

„Darf ich nicht doch noch einmal die Halbschuhe anziehen?" bettelte er dann, als er mit dem Frühstück fertig war. Mutti warf einen kurzen Blick aus dem Fenster und schüttelte den Kopf. „Nein!" sagte sie. „Jetzt sind deine Stiefel an der Reihe."

Sie blickte ihn kurz an. „Du magst sie doch?" fragte sie. Und als Oliver heftig nickte, fügte sie hinzu: „Du hast sie dir ja selbst ausgesucht."

„Es gibt da nur ein Problem", sagte Oliver leise.

Mutti sah in fragend an.

„Ich finde den einen Stiefel nicht mehr!" Er schaute auf seinen Teller.

„Du findest den einen Stiefel nicht mehr?" wiederholte Mutti. „Aber du hast die Stiefel doch schon angehabt!"

Oliver nickte. „Jeden Tag", sagte er.

„Bis der eine fort war", ergänzte Mutti.

„Der linke!" meinte Oliver.

„Aha!" sagte Mutti. „Und jetzt?"

„Ich muß noch suchen."

Mutti sah zur Uhr neben dem Schrank. „Es ist viel zu spät dafür!" sagte sie dann. „Du mußt zur Schule."

Sie brachte ihm noch einmal die Halbschuhe. „Heute nachmittag suchst du so lange, bis du sie findest!" rief sie ihm noch nach, als Oliver bereits die Treppe hinunterstürmte.

Als Oliver heimkam, stellte er das ganze Zimmer auf den Kopf. Umsonst. Auch als Mutti mitsuchte, hatten sie keinen Erfolg. Sie suchten im Flur, im Wohnzimmer, im Schlafzimmer der Eltern und in der Küche. Der Stiefel blieb verschwunden.

Als Vati später kam, grinste er nur, als er davon hörte.
„Gut, daß du wenigstens noch einen Stiefel vor die Tür stellen kannst, wenn morgen der Nikolaus kommt!" sagt er. Und heimlich tuschelte er mit Mutti.
„Dann ziehst du morgen eben wieder die Halbschuhe an", meinte Mutti schließlich.
„Und wenn es schneit?" fragte Oliver zögernd.

„Dann müssen wir mal nachsehen, ob die Winterstiefel vom letzten Jahr noch passen."

„Bestimmt nicht mehr!" sagte Oliver. „Ich bin doch gewachsen."

„Na, dann gehst du eben barfuß zur Schule", meinte Vati noch, bevor er den Fernseher anstellte und sich davorsetzte. „Früher sind hier die Kinder alle barfuß gelaufen."

Damit schien für Vati die Sache erledigt. Mutti sah Oliver an und zuckte nur mit den Schultern.

Am Nikolausabend überlegte Oliver lange, was er nun vor die Tür stellen sollte. Er entschloß sich schließlich für den übriggebliebenen rechten Stiefel, weil da viel mehr hineinging als in beide Halbschuhe zusammen.

„Aha", sagte Vati nur und grinste, als er den einen Stiefel beim Heimkommen vor der Wohnungstür stehen sah. „Sonst hast du immer zwei Stiefel vor die Tür gestellt!"

„Ich bin bescheidener geworden", antwortete Oliver leise.

Mutti legte ihm den Arm um die Schulter. „Wir freuen uns natürlich sehr darüber", sagte sie und blinzelte Vati zu. „Was gibt es Schöneres auf der Welt als bescheidene Kinder!"

Als Oliver dann später zur Tür lief und nachschaute, da schrie er laut auf. So laut, daß Mutti und Vati richtig zusammenfuhren, obwohl sie auf diesen Schrei eigentlich gewartet hatten.

Oliver kam ins Wohnzimmer zurück und trug zwei bis oben hin gefüllte gleiche Stiefel in der Hand. Einen linken und einen rechten!

„Wie konnte der Nikolaus das nur wissen?" fragte er immer wieder und strich über die Stiefel. Er war so glücklich, daß beide wieder da waren.

„Vielleicht war der Nikolaus letzte Woche mal bei uns auf dem Klo!" grinste Vati.

Und als Oliver ihn ungläubig anstarrte, fügte er hinzu: „Es gibt da gewisse junge Leute, die stürmen von draußen herein, rennen aufs Klo und lassen da ihre Stiefel einfach herumliegen."

„Einen Stiefel!" rief Oliver laut, denn plötzlich erinnerte er sich daran, wie es gewesen war. Der eine Stiefel hatte ein wenig gedrückt, der andere nicht. Da hatte er ihn im Klo gleich ausgezogen und dort vergessen.

Und Vati hatte ihn natürlich entdeckt. Weil er sich immer darüber ärgerte, daß Oliver alles so herumliegen ließ, hatte er ihn heimlich versteckt.

Oliver brauchte Vati nur anzusehen, da wußte er, daß es genau so gewesen war.

„Warte nur, ich räche mich", sagte er und grinste. „Aber ich warte nicht bis zum nächsten Nikolaustag!"

Dann griff er mit beiden Händen in die bis oben gefüllten Stiefel hinein.

Ich suchte
nach dem Nikolaus

Ich suchte nach dem Nikolaus
und lief aus unserm Haus hinaus.
Ich bin durch's Gartentor gegangen,
da hat der Wald schon angefangen.

Zwischen den Tannen und unter den Buchen,
selbst im Gebüsch wollt ich nach ihm suchen.
Zum Himmel hob ich mein Gesicht.
Auch unter der Brücke war er nicht.

Dann blieb ich bei dem Rehbock stehn.
Der Hase hatte ihn auch nicht gesehn.
Die schwarze Krähe hab ich erschreckt,
und die Eule hab ich umsonst geweckt.

Ich bin über einen Zaun gestiegen,
da sah ich den Weihnachtswald vor mir liegen.
Und mitten im Wald stand ein winziges Haus.
Da sah ich wahrhaftig den Nikolaus!

Er trug an seinem Sack so schwer
und fragte erstaunt: „Wo kommst du denn her?
Was suchst du hier? Wer hat dich geschickt?"
Dann sagte er noch: „Du bist wohl verrückt!"

12

Er hob seine Rute, der Nikolaus.
„Lauf jetzt so schnell du kannst nach Haus
und warte bei dir zu Haus auf mich!
Auf, auf und los! Jetzt spute dich!"

Ich bin heimgerannt. Und kurz vor acht
hat's geklopft. Ich habe aufgemacht.
Da stand er vor mir, hat mich angeblickt,
mir zugezwinkert und freundlich genickt.

Da rief es durch's ganze große Haus:
„Willkommen, lieber Nikolaus!"

13

Die Geschichte vom Weihnachtswichtel

Vor langer Zeit, als das Wünschen noch geholfen hat und die Menschen noch viel Zeit füreinander hatten, lebte auf einem Bauernhof hoch im Norden von Nordfriesland ein Wichtel. Das war ein kleiner guter Geist, ein Zwerg, der überall heimlich nach dem Rechten sah und dafür sorgte, daß sich die Bauersleute auf ihrem Hof wohl fühlten.

Er kümmerte sich um die Kühe und Ochsen, um die Pferde und Schweine und um die Hühner, Enten und Gänse. Wenn ein Tier einmal krank wurde, wachte er nachts bei ihm im Stall. Er suchte auf den Wiesen nach den Heilkräutern, die es schnell wieder gesund machten. Oft wunderte sich der Tierarzt, wie schnell die Tiere auf diesem Bauernhof wieder genesen waren.

Wenn er dann sagte, daß ihm dies alles sehr merkwürdig und wundersam vorkomme, dann lachten die Bauersleute gutmütig und sagten: „Da wird unser Wichtel ein bißchen mitgeholfen haben!"

Dann lachte auch der Tierarzt, schüttelte vielsagend den Kopf und meinte: „Gut, daß ihr euren Wichtel habt!"

Er gab der Kuh, die am Tag vorher noch so krank gewesen war, einen liebevollen Klaps und fuhr davon zum nächsten Bauernhof, wo er gebraucht wurde.

Svenke aber, die Großmutter des Bauern, die über neunzig Jahre alt war, stellte einen Teller mit dem besten Essen in den Stall und rief:

„Du brauchst dich vor uns nicht zu verstecken!
Nimm unseren Dank an und laß es dir schmecken!"
Der Wichtel wußte natürlich genau, wer gemeint war. Er wartete
ab, bis die uralte Svenke ins Haus gegangen war und aß sich dann
so richtig satt. Und er paßte danach wieder doppelt so gut auf
Haus und Hof auf.

Er wußte, daß er von den Bauersleuten geehrt und geachtet
wurde, und das gab ihm immer wieder neue Kraft.

Nun wurde eines Tages auf dem Bauernhof die kleine Mareike
geboren. Schon in der ersten Nacht, als das Kind in der Wiege
neben dem Bett seiner Mutter lag, kam der Wichtel leise ins
Schlafzimmer, kletterte an der Wiege hoch, beugte sich hinunter
und sah die kleine Mareike an. Ganz lang ist er geblieben. Und als
er endlich wieder im Mondschein davonschlich, da spürte er tief
in seinem Herzen, daß er dieses kleine Kind sehr lieb hatte.

So kam es dann, daß die kleine Mareike ganz unbekümmert auf dem Bauernhof aufwuchs und daß ihr alles gelang, was sie nur anfaßte.

„Mareike, du bist ein Glückskind!" sagte die Bäuerin oft, wenn sie das Kind in den Arm nahm. Und die uralte Svenke schüttelte bedächtig ihren Kopf und flüsterte: „Ich muß unserem Wichtel wieder einmal Dank sagen, weil er so gut auf die kleine Mareike aufpaßt!"

So sorgte sie so lange sie lebte, daß immer jemand dem Wichtel ein gutes Essen hinstellte, das auch bald bis zum letzten Bissen aufgegessen war, obwohl sich der Wichtel niemals sehen ließ.

Als dann die uralte Svenke gestorben war, kümmerte sich Mareikes Großmutter um den Wichtel, und so lebten alle auf dem Bauernhof jahrein, jahraus gut miteinander.

Dann kam auch noch der kleine Malte auf die Welt, aber so gern der Wichtel auch den Malte hatte, die kleine Mareike behielt er am allerliebsten.

In der Zeit vor Weihnachten, als alle Kinder es kaum noch aushielten, lief auch die kleine Mareike durch Haus und Hof und rief immer wieder. „Wenn es doch bald Weihnachten wäre! Wenn es doch nur bald Weihnachten wäre!"

Das hörte auch der Wichtel.

Natürlich konnte er Weihnachten nicht schnell herbeizaubern.

Aber etwas anderes konnte er tun. Er konnte der kleinen Mareike etwas schenken, was sie froh machte und das lange Warten vielleicht auch ein wenig verkürzte.

Der kleine Wichtel saß die ganze Nacht auf dem Gartenzaun vor dem Haus und dachte nach. Schließlich kicherte er leise, rieb sich die Hände, kletterte vom Zaun herunter und verschwand eilig in der allerhintersten Ecke im Stall. Dort hatte er nämlich sein ganz

17

geheimes Versteck. Es war so geheim, daß der Wichtel selbst immer wieder vergaß, was er dort alles aufbewahrte. Deshalb ging er von Zeit zu Zeit, wenn der Mondschein in den Stall leuchtete, zu dem Versteck und schaute sich seine kleinen Schätze an, um sich daran zu freuen.

Es waren lauter Sachen, die die Menschen irgendwann einmal verloren und nicht vermißt hatten. Manchmal hatte auch der Wind etwas herbeigetragen, das der Wichtel entdeckt hatte.

Als die kleine Mareike am nächsten Morgen ihren Haferbrei aß, hatte sie plötzlich einen winzigkleinen glitzernden Ring auf dem Löffel.

Die Großmutter nahm ihn und säuberte ihn unter dem Wasserhahn.

Sie sah den Ring lange an und sagte dann: „So einen Ring habe ich einmal gehabt, als ich so ein kleines Mädchen wie du war!"

Sie steckte Mareike den Ring an den Finger, und er paßte.

Wie sich Mareike da freute!

Der kleine Malte aber blickte mit so großen Augen auf den Ring an Mareikes Finger, daß sie ganz deutlich spürte, wie traurig er war, daß er nichts im Haferbrei gefunden hatte.

Da schlich Mareike heimlich in ihr Zimmer und kam mit einem

18

Bonbon zurück, das sie sich eigentlich für den nächsten Tag aufgehoben hatte. Ebenso heimlich legte sie das Bonbon neben Maltes Teller. Dann freute sie sich wie eine Schneekönigin, als Malte das Bonbon entdeckte.

Am nächsten Morgen fand sie ein wunderschönes kleines Schneckenhaus auf ihrem Frühstücksteller. Und für Malte lag das kleine Holzauto da, das er im Sommer verloren hatte. Nein, Mareike hatte es bestimmt nicht dorthin gelegt.

Am nächsten Tag fand Mareike eine rote Haarspange. Für Malte gab es einen roten Farbstift, der ihm gerade jetzt gefehlt hatte.

Jeden Morgen lag etwas da, und die Kinder freuten und wunderten sich.

Aber auch die Großen staunten nur und konnten sich nicht erklären, woher das alles kam. Nur die Großmutter nickte nachdenklich mit dem Kopf und sagte: „Das hat sich bestimmt unser Wichtel ausgedacht."

Und keiner widersprach ihr.

Bis zum allerletzten Tag vor Weihnachten schenkte der Wichtel den Kindern etwas aus seinem Versteck. Und er war glücklich, wenn er hörte, wie sehr sie sich darüber freuten.

„Unser Wichtel wichtelt jeden Tag etwas für uns!" lachte Mareike.

Und Malte fügte hinzu: „Unser Wichtel ist ein richtiger Weihnachtswichtel!"

Als der Wichtel das hörte, wäre er vor Stolz fast geplatzt.

Viele Jahre lang noch beschenkte der Wichtel die Kinder in der Zeit vor Weihnachten.

Als Mareike aber erwachsen wurde und den Bauernhof verließ, da vergaß sie auch den Wichtel.

Viele, viele Jahre später, als sie selbst Großmutter war, da kam ihr Enkelkind, der kleine Gunnar, während der Vorweihnachtszeit zu ihr. Seine Mutter erwartete nämlich sein Geschwisterchen, und so durfte Gunnar bis Weihnachten bei seiner Großmutter bleiben.

Jeden Tag wollte der kleine Gunnar von seiner Großmutter wissen, wann es nun endlich Weihnachten würde. Da fiel ihr auf einmal der Weihnachtswichtel wieder ein, der immer vor Weihnachten für sie gewichtelt hatte. Damals, als sie selbst nicht älter als der kleine Gunnar war.

Als Gunnar am nächsten Morgen sein Müsli essen wollte, fand er plötzlich ein winzigkleines Polizeiauto auf seinem Löffel. Er freute sich so, daß er sich fast verschluckt hätte.

Am nächsten Morgen fand er ein Päckchen Buntstifte in seiner Tasche und am übernächsten einen kleinen, roten Springball.

„Das hat der Weihnachtswichtel für dich gewichtelt!" sagte die Großmutter und schmunzelte. So ging es bis Weihnachten.

Am letzten Tag aber erwischte Gunnar seine Großmutter dabei, als sie gerade eine Wunderkerze in sein Frühstücksbrötchen stecken wollte.

„Du bist der Weihnachtswichtel!" rief er froh und umarmte sie so fest er nur konnte.

Im nächsten Jahr vor Weihnachten wichtelte Gunnar für seine Eltern, im darauffolgenden Jahr wichtelten sie im Kindergarten und im Jahr darauf in der Schule. Und heute? Heute wichteln Kinder und Erwachsene. Es ist ein schöner Brauch in der Vorweihnachtszeit geworden, weil man meistens nicht erraten kann, von wem man all die schönen Kleinigkeiten bekommt. Ganz zum Schluß kommt es dann meistens heraus. Der kleine Wichtel lebt immer noch auf dem Bauernhof in Nordfriesland und wichtelt in der Zeit vor Weihnachten für die Kinder, die jetzt dort wohnen.

Daß aber jetzt überall bei uns vor Weihnachten gewichtelt wird, davon weiß der Wichtel auf dem Bauernhof bis heute noch nichts.

20

Der erste Schnee

Es schneite dicke Flocken,
und schau ich jetzt hinaus,
da ist die Welt voll Puderzucker
bis zu uns nach Haus.

Da weck ich meine Schwester.
Sie ist noch ziemlich klein.
„Auf, zieh dich an und fahre mit
mir in den Schnee hinein!"

Wir essen schnell ein Brötchen
und trinken etwas Tee.
Dann hole ich den Schlitten raus
und auf geht's in den Schnee.

Ich setz sie auf den Schlitten,
und sie schreit: „Pferdchen, zieh!"
Da geb ich mir die größte Müh,
und es ist schön wie nie.

Und was schenkt man der Oma?

Letztes Jahr war alles noch ganz einfach gewesen.

Da waren Opa und Oma an Weihnachten zu Besuch gekommen, und Mutti hatte Dominik dabei geholfen, für die Großeltern einen Kalender für das neue Jahr zu basteln.

Jetzt war alles ganz anders geworden. Opa war im Januar gestorben, und Dominiks Eltern lebten voneinander getrennt. Nächstes Jahr würden sie sich scheiden lassen. Mutti war vor den Sommerferien ausgezogen. Dominik war bei Vati geblieben. So würde es auch bleiben, wenn sie erst richtig geschieden waren.

Und nach den Sommerferien hatte Oma ihr Haus in Weilburg verkauft und war zu ihnen gezogen. Vati war froh, daß sie sich um ihn und Dominik kümmerte. Allein ohne Mutti war doch alles recht schwierig für beide, wenn sie das auch niemals eingestehen würden.

„Hast du denn schon ein Weihnachtsgeschenk für Oma?" fragte Vati mitten im Dezember.

Dominik schüttelte den Kopf. „Ich weiß nicht", antwortete er.

„Ich gebe dir Geld, und du siehst dich einfach mal um!" lachte Vati. „In Gießen wird doch wohl noch ein Geschenk für die Oma aufzutreiben sein."

Dominik schüttelte weiter den Kopf. „Sie hat gesagt, daß sie nichts will, was man einfach so kaufen kann!"

„Sie stellt ganz schön hohe Ansprüche!" Vati nickte. Er wußte auch noch nicht so recht, was er seiner Mutter schenken sollte.

„Bastel ihr doch wieder einen Kalender", schlug er schließlich vor.
„Nie!" rief Dominik gleich so laut, daß gegen seinen Einspruch keiner ankonnte. „Noch mal zwölf Bilder malen. Und das vierzehn Tage vor Weihnachten! Das schaffe ich nie!"
„Nun, ja!" Vati stimmte ihm zu. „Wäre ja auch nicht so schrecklich originell, weil wir das letztes Jahr bereits hatten."
„*Ich* hatte das", sagte Dominik. „Und den Kalender hat sie sofort aufgehängt, als sie bei uns eingezogen ist. Und rundherum die Ansichtskarten von Weilburg!"
„Da hat sie ja auch ihr ganzes Leben lang gelebt", sagte Vati leise. „Meinst du, ältere Leute hätten kein Heimweh?"
„Am Anfang ist sie doch immer noch nach Weilburg gefahren", meinte Dominik nachdenklich. „Aber in der letzten Zeit überhaupt nicht mehr."
„Wenn man erst einmal das Haus verkauft hat, ist alles viel schwerer." Vati legte den Arm um Dominik. „Wo will sie denn hin in Weilburg? Und so viele Freunde hat sie da auch nicht mehr. Eine ganze Reihe von ihnen sind im Altersheim oder schon gestorben…"
„Wie Opa."
„Ja, wie Opa", sagte Vati und räusperte sich. Dann schlug er die Zeitung auf.
„Übrigens", rief er plötzlich, „am Wochenende ist Weihnachtsmarkt in Weilburg! Ob wir mit Oma mal hinfahren?"
„Sie wird sich sicher freuen!" Dominik war gleich Feuer und Flamme.
„Kauf dir mal einen neuen Film für deinen Fotoapparat." Papa hielt ihm einen Geldschein hin. „Ich glaube, ich habe da eine Idee!"
Oma freute sich wirklich, als Vati und Dominik sie zu der Fahrt

einluden. „Der Weilburger Weihnachtsmarkt wird von Jahr zu Jahr schöner", sagte sie. „Mir hätte es richtig leid getan, wenn ich diesmal nicht hingekommen wäre!"

„Warum sagst du denn nichts?" fragte Vati und nahm sie am Arm.

„Wir fahren doch hin!" lachte Oma und hängte sich auch noch bei Dominik ein.

„Hast du den Fotoapparat dabei?" fragte Vati leise, als sie alle im Wagen saßen. Im Rückspiegel konnte er sehen, daß Dominik eifrig nickte.

Auf dem Weihnachtsmarkt trafen Vati und Oma viele Leute, die sie kannten. Schließlich war ja Vati auch in Weilburg geboren und hatte dort seine Kindheit verbracht. Das war alles ein bißchen langweilig für Dominik. Und als sie dann noch in das Café gehen wollten, von dem man direkt auf die Lahn hinunter sehen konnte, da hätte er lieber allein etwas unternommen.

Vati sagte nichts. Aber als Oma im Café gleich aufs Klo mußte, da flüsterte er ihm zu: „Jetzt trink schnell deine Schokolade aus! Dann mach dich auf den Weg durch Weilburg. Auf deinem Film hast du sechsunddreißig Aufnahmen. Da kannst du alles knipsen, was dir gefällt und vielleicht auch der Oma…"

„Das Schloß!" Dominik war gleich begeistert. „Die Kirche, die Kirche mit dem großen Park. Man kann von dort bis zum Windhof sehen!"

Vati nickte. „Ja, das kleine Jagdschloß auch, den Turm und die kleine Kirche über dem Siegestor. Natürlich auch das Siegestor! Alles, was eben zu Weilburg gehört!"

„Und Omas Haus und den Garten. Die Straße, in der das Haus steht!"

Vati fiel immer noch mehr ein. „Die Bäckerei, in der sie immer ihr Brot gekauft hat, die Metzgerei und die Buchhandlung. Und dann mußt du ganz hinunter zur Lahn gehen. Ein Foto von unten hinauf in die Oberstadt!"

Als Oma dann kam, war Dominik bereits auf und davon.

„Er will sich noch ein bißchen umsehen", sagte Vati und bestellte für Oma und sich je ein Stück Schwarzwälder Kirschtorte.

„Die schmeckt nur hier so gut", sagte Oma und lächelte ihm zu.

Dominik lief durch die Stadt und knipste und knipste. Vatis Geschenkidee hatte ihn sehr begeistert. Gestern abend erst hatte Vati es ihm verraten.

Doch wieder ein Kalender! Aber ein ganz anderer als im letzten Jahr.

Dominik knipste alles, was er für wichtig hielt. Ein Foto vom Rathaus mußte in den Kalender, auch den schönen Brunnen am Marktplatz durfte er nicht vergessen.

Als der Film voll war, war er richtig zufrieden mit dem, was er im Kasten hatte.

Schwierig wurde es dann später, unter all den Fotos die zwölf auszuwählen, die auf den Kalender durften, den Vati besorgt hatte.

Aber Vati hatte auch noch ein Fotoalbum für die restlichen Fotos mitgebracht. „Das schenken wir ihr noch dazu!" sagte er fröhlich.

Weder Dominik noch sein Vater hätten gedacht, daß sich die Oma so sehr über den Kalender freuen würde.

Sie konnte es gar nicht fassen und sagte immer wieder. „Es ist das Schönste, was ihr mir schenken konntet."

„Nur blöd, daß es bloß Winterbilder sind!" meinte Dominik zögernd. „Kein bißchen Grün, alle Bäume ohne Blätter!"

„Willst du wohl still sein!" Die Oma gab ihm einen leichten Stoß. „Da habt ihr doch gleich die Geschenkidee für nächstes Jahr!"

Und als Vati und Dominik sie erstaunt ansahen, lachte sie: „Dann knipst ihr die Fotos für den nächsten Kalender eben im Frühjahr und im Sommer!"

Sie nickte den beiden zu. „Und mich nehmt ihr jedesmal mit! Ich muß euch ja zeigen, was ihr knipsen sollt!"

Geheimnis unter der Bank

Ich habe im Wohnzimmer etwas entdeckt.
Es ist links unter der Eckbank versteckt.
Im hintersten Eckchen:
Ein winziges Päckchen!
So lag es hier!
In Weihnachtspapier
mit Sternen und Tannenreis eingeschlagen.
Nun frage ich mich schon seit vielen Tagen:
Was mag wohl in dem Päckchen sein?
Vielleicht ein Geschenk! Nicht zu groß, nicht zu klein
von Papa für Mama…
von Mama für Papa…
für mich… oder dich?
Ich seh täglich nach!
Ach, wär's doch für mich!
Warum nur die Tage so langsam vergehn!
Aber Weihnachten! Weihnachten werden wir sehn!

Ein Auto für Papa

In der Zeit vor Weihnachten ging es überall im Haus geschäftig zu. Besonders am Wochenende, wenn Papa nicht zur Arbeit mußte, hörte man bis in den hintersten Winkel, daß Papa in seinem Arbeitsraum im Keller werkelte. Er hämmerte und sägte.

Manchmal hörte man ihn auch schimpfen, wenn ihm etwas nicht so gelang, wie er es wollte.

Mama saß im Wohnzimmer und hatte die Tür hinter sich zugeschlossen. Manchmal hörte man die Nähmaschine surren.

Oliver schaffte in seinem Zimmer, und Natalie und Benedikt werkten in der Küche. Schließlich mußte einer den Benedikt im Auge behalten. Und heute war eben Natalie dran.

Seit Mama gekündigt worden war und Papa das Geld allein verdienen mußte, hatten die Krämers beschlossen, nicht mehr so viel für Weihnachtsgeschenke auszugeben. Da mochten sie in der Werbung im Fernsehen noch so viele Sachen anpreisen.

Aber dieses viele Spielzeug, mit dem dann nach Weihnachten doch nicht mehr gespielt wurde, nein, davon gab es nichts mehr. Jedenfalls nicht mehr so viel.

Wenn Olivers Walkman kaputt war, und er seit ein paar Monaten ganz unglücklich ohne Musik in den Ohren herumlief, nun gut, man konnte darüber sprechen. Und Natalie, die sich so lange schon diesen superbunten Füller gewünscht hatte…

Und der kleine Benedikt, der nichts, wirklich gar nichts, nur das rote Feuerwehrauto haben wollte…

Damit war es aber genug.

Mehr Geld konnten die Eltern nicht ausgeben. Das sahen Oliver, Natalie und Benedikt ein. Insgeheim vertrauten alle auf die Großeltern, die sich immer eine ganz besondere Überraschung für jeden von ihnen ausdachten. Und die Pakete waren bereits angekommen und standen jetzt oben auf dem Schrank im Schlafzimmer.

Also war in der Zeit vor Weihnachten Malen und Kleben, Töpfern und Schneidern, Häkeln und Stricken, Hämmern und Sägen angesagt. Und ehrlich, es machte viel Spaß, sich etwas für die anderen auszudenken und es dann auch selbst zu basteln.

Natalie formte einen Gegenstand aus einem Material, das fast wie Knete aussah.

„Was wird das?" fragte Benedikt, der auf dem Küchenstuhl kniete und ihr aufmerksam zuschaute.

„Ein Aschenbecher für Papa!" antwortete Natalie und betrachtete ihr Werk prüfend von allen Seiten.

„Was macht Papa damit?" fragte Benedikt. „Sieht aus wie ein kleiner Teller!"

„Es heißt Aschenbecher, weil Papa da seine Asche hineintun soll!" erklärte Natalie geduldig.

„Was für Asche?" fragte Benedikt weiter. Er konnte sich wirklich nichts darunter vorstellen.

„Asche, wenn Papa raucht!" versuchte es Natalie noch einmal. „So Zigaretten und Zigarren!"

„Hat Papa solche Retten?" Jetzt wurde Benedikt noch neugieriger. „Zeig mal Papas Retten!" bettelte er.

„Papa raucht doch gar nicht!" Damit beendete Natalie das Gespräch. Sie ging zum Backofen und drehte ihn an. Mama hatte ihr vorhin gezeigt, was sie tun mußte.

„Und warum braucht er die Retten?" bohrte Benedikt weiter.

„Für den Aschenbecher, den ich ihm schenken will." Jetzt hatte Natalie endlich genug.

„Ich habe ihm erst letztes Jahr einen Teller geschenkt!" sagte sie abschließend. Man kann ihm nicht jedes Jahr dasselbe schenken!"
Das sah schließlich auch Benedikt ein.

„Warum hast du den Backofen angemacht?" fragte Benedikt nun. „Willst du noch Plätzchen backen?"

„Ich will den Aschenbecher backen!" sagte Natalie. „Aber der Backofen muß zuerst richtig heiß sein!"

„Du backst Aschenbecher und keine Plätzchen?" Benedikt konnte es nicht glauben.

„Er wird beim Backen ganz fest und geht nie mehr kaputt!"
Benedikt schwieg lange Zeit.

„So ist das!" sagte er endlich und sah zu, als Natalie ihr Werk in den Backofen schob.

„Gibst du mir was davon?" fragte Benedikt dann. „Ich möchte auch etwas für Papa backen!"

„Das Zeug ist viel zu teuer!" sagte Natalie kurz angebunden. Das fehlte noch, daß sie dem kleinen Bruder dieses Material zum Matschen und Kaputtmachen gab, für das sie so viel von ihrem Taschengeld bereits ausgegeben hatte.

Als sie bemerkte, wie Benedikt den Mund verzog und zum Weinen ansetzte, versuchte sie gleich, ihn zu beruhigen.

„Was willst du denn für Papa machen?"

„Ein Auto!" sagte Benedikt. Es war ihm gerade eingefallen.

„Dann nimm doch deine Knete!" schlug Natalie vor und fügte gleich hinzu: „Ich helfe dir dabei!"

Da lief Benedikt so schnell er konnte in sein Zimmer, das er sich mit Natalie teilte, und kam gleich darauf mit einem kleinen harten Klumpen zurück, der braungrau und recht schmutzig aussah.

„Mehr Knete ist nicht mehr da!" sagte Benedikt und sah Natalie hoffnungsvoll an.

Hart war der Klumpen. Natalie mußte ihn lange drücken und kneten, bis sie aus ihm ein Auto formen konnte.

„Du machst die Räder!" sagte sie und gab ihm vier kleine Knetkugeln.

Und Benedikt schlug jede Kugel auf der Tischplatte so platt, daß wirklich ein Rad daraus wurde. Die Räder klebten sie dann gemeinsam am Rumpf des Autos fest.

„Da freut sich der Papa!" sagte Benedikt vergnügt, als das Knetauto fertig war. „Und jetzt steck es in den Backofen."

Natalie schüttelte den Kopf.

Schon verzog Benedikt das Gesicht.

„Warte einen Moment!" rief Natalie. „Ich muß mal aufs Klo."

Dann rannte sie hinaus und jammerte vor der Wohnzimmertür: „Mutti, du mußt ganz schnell kommen! Benedikt nervt so!"

Es dauerte nur einen Augenblick, bis Natalie mit Mama zurück in die Küche kam. Aber es war bereits zu spät.

Benedikt hatte genau zugesehen, wie Natalie mit dem Topflappen die Ofentür geöffnet und den Aschenbecher auf das Blech geschoben hatte.

Fachmännisch hatte er es genauso gemacht.

„Gleich ist es fertig", sagte er zufrieden. Und dann „Es riecht ein bißchen."

„Es riecht nicht", rief Mama, „es stinkt!"

Und dann hatte sie alle Hände voll damit zu tun, das Backblech aus dem Ofen zu holen, es unter den Wasserhahn zu halten, den inzwischen fertig gebackenen Aschenbecher herauszunehmen und dieses schmierige, graubraune Zeug, das auseinander gelaufen war und sich über dem Blech ausgebreitet hatte, herunterzukratzen.

Und dann mußte sie mit Natalie den kleinen Benedikt trösten, der es einfach nicht fassen konnte, daß sein schönes Auto nicht mehr dort war, wo er es hineingeschoben hatte.

„Es war doch für Papa!" jammerte er vor sich hin.

„Wir bauen ein anderes", tröstete Mama. „Es wird viel, viel schöner!"

Und dann saßen alle drei zusammen und schnitten aus, bastelten und klebten aus Streichholzschachteln und Pappe und Buntpapier ein schönes Auto nach dem andern.

„So viele Autos will Papa gar nicht haben", meinte Benedikt, als sie dann fertig waren.

Mama und Natalie sahen ihn fassungslos an.

Aber Benedikt griff nach dem größten und schönsten Auto, stellte es vor sich und die anderen Autos alle in einer Reihe dahinter.

„Ich schenke ihm eine Eisenbahn!" sagte er glücklich.

Das allerbeste Versteck

Als Alex auf dem Flohmarkt diesen wunderschönen Schlüsselanhänger mit dem kleinen Koala daran kaufte, war er glücklich,
daß er nun schon im Herbst ein Weihnachtsgeschenk für Vati
hatte. Letztes Jahr hatte er bis einen Tag vor Weihnachten noch
nicht gewußt, was er ihm schenken sollte.
Mutti freute sich, als er ihr den Schlüsselanhänger zeigte. Ja, das
war ein praktisches und schönes Geschenk für Vati. „Wo willst du
ihn denn verstecken, daß Vati ihn nicht schon vorher findet?"
„Ich lege ihn in meine Schreibtischschublade", sagte Alex und
brachte den Schlüsselanhänger gleich in sein Zimmer. Dort
versteckte er ihn ganz hinten in der Schublade.
Nach dem Mittagessen, als Vati sich für ein kleines Mittagsschläf-
chen hingelegt hatte, sagte Alex: „Ich habe den Schlüsselanhänger
in meine Jackentasche gesteckt. Im Arbeitstisch war er mir doch
nicht sicher genug!"
„Okay!" Seine Mutter nickte, überlegte kurz und meinte dann:
„Aus der Jackentasche kannst du ihn aber leicht verlieren!"
„Jetzt habe ich ihn oben auf meinen Kleiderschrank gelegt", sagte
Alex am Nachmittag.
„Wen?" fragte Mutti.
„Den Schlüsselanhänger!"
„Ah, ja", Mutti nickte. „Du weißt aber, daß Vati voriges Jahr seine
Geschenke für mich oben auf diesem Kleiderschrank versteckt
hat!"

„Dieses Jahr versteckt er seine Geschenke bestimmt ganz wo-anders!" Da war sich Alex ganz sicher.

Nach dem Abendessen, als Alex Mutti beim Tischabräumen half, flüsterte er ihr zu: „Das mit dem Schrank ist wirklich nicht sicher genug! Ich habe ein besseres Versteck!"

Doch bevor er Mutti das neue Versteck noch zuflüstern konnte, kam Vati bereits mit dem restlichen Geschirr hinter ihnen her.

So vergaß Alex leider, seiner Mutter das Versteck zu verraten.

Und Mutti vergaß, ihn noch einmal danach zu fragen.

Am Weihnachtsabend aber, kurz vor der Bescherung, suchte Alex überall im Haus nach dem Schlüsselanhänger.

„Ich habe dir doch gesagt, wo er ist!" Er sah Mutti so verzweifelt an, daß sie wußte, daß sie seine letzte Rettung war.

„Vielleicht in deiner Schreibtischschublade?"

Alex schüttelte den Kopf. „Da war er zuerst!" sagte er.

„In deiner Jackentasche!"

„Du meintest doch, ich würde ihn da verlieren!"

„Und dann? Alex, wo hast du ihn dann hingelegt?"

„Auf den Schrank in meinem Zimmer!"

„Gott sei Dank! Ja, jetzt weiß ich wieder, daß du es mir gesagt hast!"

Mutti war richtig erleichtert. „Du meintest, Vati würde ihn dort finden. Hat er seine Geschenke wieder dort versteckt?"

Axel schüttelte den Kopf. „Dieses Jahr nicht!"

„Warum hast du ihn denn dort nicht liegen lassen?" So langsam wurde Mutti ungeduldig.

„Ich wollte ganz sicher sein, daß er ihn nicht findet!"

Trotz allem mußte Mutti lachen. „Jetzt kannst du jedenfalls sicher sein, daß weder Vati noch du ihn finden!"

„Was soll ich nur machen?" Alex sah sie hilflos an.

„Schenke ihm das, was du ihm letztes Jahr auch geschenkt hast!"
Alex verzog den Mund. „Ich kann ihm doch nicht wieder ein Bild malen!"

Dann schlug sich Mutti plötzlich an die Stirn. „Wie gut, daß ich letzte Woche noch einen Glasrahmen gekauft habe! Du schenkst ihm dein Bild in dem Glasrahmen! Wetten, er hängt es sich in sein Arbeitszimmer!"

„Pffff!" Alex schnaufte wie eine alte Dampflok und machte sich auf den Weg in sein Zimmer.

Später im Weihnachtszimmer entdeckte Alex, daß sein Vater die elektrische Eisenbahnanlage aufgebaut hatte. Es war viel dazugekommen: Eine neue E-Lok und einige moderne Wagen. Ein ganzer Zug fuhr nun, von Vati sorgsam gelenkt, zusätzlich zu den beiden anderen, die Alex letztes Jahr bekommen hatte, über die Gleisanlage. Dann entdeckte er die Schranke, die sich regelmäßig schloß, wenn ein Zug vorbeifuhr, den zweiten Bahnsteig vor dem Bahnhof und den Berg mit dem Tunnel. Vati saß wie ein großes Kind dazwischen und freute sich, wie alles funktionierte.

„Er hat den ganzen Tag daran herumgebaut", lachte Mutti.

„Und schaut mal, was ich in dem Bahnhof gefunden habe!" rief Vati und kramte in seiner Hosentasche. „Das haben wir voriges Jahr gar nicht gesehen. Jemand hat irgendwann einmal das Dach ein wenig abgehoben und…"

Jetzt hatte er in seiner Hosentasche endlich das gefunden, wonach er suchte.

„Seht nur, er hat diesen wunderschönen Schlüsselanhänger in den Bahnhof hineingelegt!" Und er hielt den Schlüsselanhänger hoch, so daß ihn alle sehen konnten.

Mamas Weihnachtsplätzchen

„Wo sind denn die Weihnachtsplätzchen?"
fragt Mama beklommen.
„Wo sind denn die Weihnachtsplätzchen
alle hingekommen?
        Alle meine Weihnachtsplätzchen,
        sicher mehr als hundert!
        Wo sind nur die Weihnachtsplätzchen?"
        fragt Mama verwundert.
„Benedikt", so sagt sie plötzlich
und bleibt vor mir stehen.
„Hast du meine Weihnachtsplätzchen
irgendwo gesehen?"
        „Mutti", frage ich bedächtig,
        „sagtest du: fast hundert?
        Über hundert Weihnachtsplätzchen?"
        frage ich verwundert.
„Benedikt, wo sind die Plätzchen?"
O wie ist das peinlich!
„So viel hab ich nicht gegessen!
Sei doch nicht so kleinlich!"
        „Martin, meine Weihnachtsplätzchen?"
        Papa sagt verwundert:
        „Fünf bis zehn hab ich gegessen,
        aber niemals hundert!"

„Doro, wo sind meine Plätzchen?"
„Sven ist doch gekommen.
Und ich habe ein paar Plätzchen
für ihn mitgenommen!
    Du warst leider nicht zu Hause.
    So konnt ich nicht fragen.
    Darum wollt ich eben grade
    dir noch alles sagen!"
„Opa, wo sind meine Plätzchen?"
„Gar keins tat ich essen.
Wenn es aus Versehn geschah,
hab ich es vergessen!"
    „Kater Carlo! Meine Plätzchen!"
    Doch der stellt sich dumm
    und er wendet sich zur Seite
    und beleidigt um.
„Über hundert Weihnachtsplätzchen!"
Mama kann's nicht fassen.
„Niemals werd ich wieder Plätzchen
hier herumstehn lassen!"
    „Du bist selber schuld!" sagt Oma.
    und sie lächelt weise.
    „Du darfst keinem was verraten,
    weder laut noch leise!
Weil vor Weihnachten die Plätzchen
stets am besten schmecken,
muß man sie vor allen Leuten
immerzu verstecken!"

Der Superschal

Alles machte Alicia in der Schule Spaß. Fast alles! Lesen und Schreiben, Rechnen und Sport, Musik und vor allem Zeichnen und Malen. Nur Handarbeit nicht.

„Du hast zwei linke Hände!" sagte Mutti, wenn sie ihr zusah. „So kann das doch nichts werden."

Und in der Schule maulte Frau Böttcher ständig an ihr herum. „Es ist doch ganz einfach!" sagte sie und nahm ihr das, was eigentlich ein Topflappen werden sollte, aus der Hand. Dann häkelte sie selbst ein paar Reihen und gab ihn ihr wieder zurück. „Nun sieh selbst zu, wie du weiterkommst", sagte sie.

„Ich verstehe das nicht", sagte sie noch, als sie weiterging. „Häkeln ist doch wirklich so einfach. Wie soll das erst werden, wenn wir mit dem Stricken beginnen?"

Und Alicia saß mit dem Lappen da, der vom vielen Mühen und von den Tränen, die bereits darauf getropft waren, ganz unansehnlich geworden war.

Mutti hatte natürlich nicht recht, wenn sie sagte, daß Alicia zwei linke Hände hatte. Aber Linkshänderin war sie tatsächlich. Sie konnte eben mit der linken Hand alles viel besser als mit der rechten. Herr Normann hatte das sofort erkannt und es unterstützt, daß sie mit der linken Hand schrieb. Da gab es keine Probleme.

Aber Frau Böttcher konnte sich einfach nicht in Alicias Lage hineinversetzen, weil sie selbst Rechtshänderin war. „Du machst alles andersherum!" sagte sie seufzend, als sie den Kindern das Stricken beibringen wollte. „Ich kann es dir einfach nicht zeigen."

Einmal sprach Herr Normann Alicia in der Klasse auf das Häkeln und Stricken an. Frau Böttcher hatte ihm im Lehrerzimmer von Alicias Schwierigkeiten erzählt.

„Die Schule macht dir doch solchen Spaß!" sagte er. „Wenn du dir bei Frau Böttcher nur ein wenig Mühe geben würdest…"

Alicia ließ ihren Kopf hängen und begann zu weinen.

„Sie weint immer in Handarbeit!" riefen die anderen Mädchen. „Und Frau Böttcher ist doch so nett!"

„Sie schafft es nicht, weil sie Linkshänderin ist", sagte schließlich Verena, Alicias beste Freundin.

„Ich habe früher auch Häkeln und Stricken gelernt", meinte Herr Normann ganz beiläufig. Und als einige zu lachen anfingen, sagte er: „Es ist gut, wenn Jungen das auch können!"

Er sah zu Philipp und Andreas hinüber, die sich die Hand vor den Mund hielten. „Ich habe bereits mit Frau Böttcher gesprochen. Nach Weihnachten machen wir alle zusammen Handarbeit. Die Jungen und die Mädchen!"

„Und der Herr Normann!" rief Philipp und lachte laut.

„Und der Herr Normann", sagte Herr Normann und blinzelte ihm zu. „Du wirst schon sehen!"

Als er sah, daß Alicias Tränen getrocknet waren, legte er ihr den Arm auf die Schulter. „Weißt du was", meinte er, „du packst dir dein Strickzeug ein und besuchst mich heute nachmittag einmal zu Hause. Meine Frau hat schon die ersten Weihnachtsplätzchen gebacken. Wir trinken gemütlich zusammen Kaffee und dann setzten wir uns einmal an deine vertrackte Handarbeit!"

Er hielt Alicia die Hand hin. „Okay?"

Alicia wußte selbst nicht, woher sie auf einmal so viel Mut hatte.

Sie schlug kräftig in Herrn Normanns Hand ein.

„Und deine Freundin kann auch mitkommen", sagte er und fuhr dann fort mit dem Rechenunterricht. Alicia schaute zu Verena hinüber und freute sich, als Verena ihr zunickte.

Es wurde ein ganz besonderer Nachmittag. Zum ersten Mal waren die beiden Mädchen bei ihrem Lehrer zu Hause. Bald merkten sie, daß es dort nicht anders war wie bei ihnen auch. Frau Normann lud sie zum Kabatrinken und Plätzchenessen ein und holte dann den kleinen Moritz, der gerade wach geworden war. Alicia wußte gar nicht, daß Herr Normann einen kleinen Sohn hatte. In der Schule erfuhr man so wenig von den Lehrern und wie sie wirklich waren.

Nach dem Kaffeetrinken mußte Alicia ihr Strickzeug auspacken. Herr Normann nahm es ihr aus der Hand, setzte sich neben sie und begann zu stricken.

„Sie stricken ja falschherum!" rief Verena erstaunt.

„Ich stricke nicht falschherum, sondern linksherum", lachte Herr

Normann, und Alicia sah ihm gebannt zu. Auf einmal erkannte sie, daß das alles gar nicht so schwer war. Man mußte es ihr nur richtig zeigen.

„Willst du es jetzt einmal versuchen?" fragte Herr Normann nach einer Weile.

Ganz behutsam nahm ihm Alicia die Strickarbeit ab.

Es klappte! Ja, wirklich, auf einmal klappte es!

„Na sieh mal, wie gut du stricken kannst!" rief Frau Normann, die mit dem Baby auf dem Arm hinter sie getreten war und ihr zuschaute.

„Das gibt es doch nicht!" lachte Verena. „Auf einmal kann sie es!"

Und Alicia strickte immer weiter und immer schneller. Sie vergaß alles, was um sie herum geschah. Sie vergaß Frau und Herrn Normann, Verena und das Baby. Sie saß da und strickte und strickte.

Als sie dann endlich heimgingen, hatte Alicia ein ganzes Stück gestrickt.

„Das ist aber schon zu lang für einen Topflappen!" sagte Verena, als sie sich verabschiedeten.

„Dann wird es eben ein Schal!" antwortete Alicia. „Ein Schal kann nie lang genug sein."

Auf einmal hatte Alicia entdeckt, wieviel Spaß ihr das Stricken machte.

Ihre Mutter mußte ihr immer wieder neue Wolle besorgen.

Alicia strickte an dem Schal und freute sich, daß er immer länger wurde.

„Wird er nicht zu lang?" fragte Mutti einmal. „Du könntest ja noch einen neuen anfangen!"

Doch Alicia schüttelte nur den Kopf. „Das wird ein Superschal!" sagte sie.

„Aber wer soll ihn tragen?" bohrte Mutti weiter. „Für uns alle ist er jetzt schon zu lang!"

„Dann schenke ich ihn dem Weihnachtsmann", meinte Alicia und strickte unbeirrt weiter.

In der Schule hatte sie inzwischen eine neue Arbeit begonnen, weil Frau Böttcher auch ständig so dumm gefragt hatte, was sie mit dem langen Schal anfangen wollte. Zu Hause aber strickte sie immer weiter, und der Schal wurde länger und länger.

Am Tag vor Weihnachten war er dann fertig. Wenn es noch länger bis Weihnachten gedauert hätte, dann hätte Alicia sicher immer noch weiter gestrickt.

Aber nun packte sie den Superschal in eine große Schachtel und brachte sie Mutti.

„Du kannst ihn dem Weihnachtsmann schenken, wenn er morgen kommt", sagte sie.

Mutti trug die Schachtel in die Küche und stellte sie oben auf den Küchenschrank.

Am Weihnachtsmorgen entdeckte Alicia, daß die Schachtel fort war.

„Juchhu!" lachte sie und freute sich. Und dann wartete sie wie alle Kinder voller Ungeduld auf den Abend.

44

Unter all den Geschenken, die dann auf dem Weihnachtstisch für Alicia und ihren kleinen Bruder, für Mutti und Vati standen, war auch die große Schachtel, in der das Geschenk für den Weihnachtsmann sein mußte.

„Hat er meinen Superschal nicht haben wollen?" fragte Alicia traurig.

Doch Mutti schüttelte den Kopf. „Ich weiß doch nicht, was in der Schachtel ist", sagte sie. „Da liegt auch noch ein Brief!"

Da nahm Alicia den Brief, der oben auf dem Päckchen lag, öffnete ihn und las ihn laut vor.

„Liebe Alicia,
ich bedanke mich ganz herzlich für deinen wunderschönen Superschal. Gerade jetzt, wo ich dauernd raus in die Kälte muß, kann ich ihn sehr gut gebrauchen. Er reicht dreimal um mich ganz herum, und das ist gerade richtig! Ich habe Dir ein kleines Dankeschön in das Päckchen gepackt. Auch einen Schal. Meine kleinen Helfer in der Weihnachtsstrickerei haben ihn extra für dich gestrickt und ein wenig Wichtelhaar mit hineingearbeitet. Ich hoffe, daß er Dir gefällt.
Frohe Weihnachten!"

„So einen Schal gibt's nur einmal auf der Welt!" rief Alicia froh und wickelte sich gleich den Schal um ihren Hals. Und sie zog ihn an diesem Abend nicht eher aus, als bis sie ins Bett mußte.

Die Zwillinge und das Weihnachtsglöckchen

Mutti kam aus dem Weihnachtszimmer und tuschelte mit Vati, der noch am Frühstückstisch mit seiner Zeitung saß.

Da stand Vati auf, ging mit ihr ins Weihnachtszimmer und kam nach einer Weile wieder kopfschüttelnd heraus.

„Ich gehe mal auf den Speicher", sagte er zu den Zwillingen, die am Tisch noch die letzten Bilder und Bastelarbeiten für die beiden Omas und Opas fertigstellten.

„Darf ich mitkommen?" Micha war bereits aufgestanden.

Doch Vati schüttelte nur den Kopf. „Ich muß noch etwas für heute abend suchen", brummte er, als er hinausging.

Er blieb lange. Als er zurückkam, verschwand er wieder im Weihnachtszimmer.

Dann kamen beide heraus, Mutti und Vati.

„Hat jemand unser Weihnachtsglöckchen gesehen?" fragte Mutti.

Sofort schüttelten die Zwillinge ihre Köpfe, einer schneller als der andere.

„Hm", sagte Mutti. „Es war immer in dem Karton mit dem Weihnachtsschmuck!"

„Aber jetzt ist es nicht da", bestätigte Vati düster.

„Wir gehen nie an den Weihnachtsschmuck!" riefen die Zwillinge fast gleichzeitig.

„Aber das Glöckchen ist nicht mehr da!" sagte Mutti noch einmal.

„Vielleicht hast du es doch woanders hingetan", meine Vati und sah Mutti forschend an.

46

„Auf keinen Fall!" Jetzt wurde sie langsam ärgerlich. „Ich weiß noch genau, daß ich das Glöckchen zusammen mit dem großen Strohstern eingepackt habe!"

„Der Strohstern war aber bei der Lichterkette!" wandte Vati ein. „Weil er zu groß war und nicht mehr in den Karton mit dem Weihnachtsschmuck paßte!"

„Dann hast du das Glöckchen vielleicht zu der Lichterkette gelegt!" meinte Thomas.

„Dort ist es auch nicht!" Muttis Stimme wurde lauter.

An Heiligabend war sie immer sehr schnell aufgebracht.

„Ohne Weihnachtsglöckchen kein Weihnachten!" sagte sie noch unheilsschwanger und verschwand wieder hinter der Tür zum Weihnachtszimmer. Vati folgte ihr auf dem Fuß.

„Ich könnte noch ein Weihnachtsglöckchen besorgen", rief er hastig.

„Die Geschäfte sind zu!"

Das war das letzte Wort, das die Zwillinge lange Zeit von Mutti hörten.

„Meinst du, sie läßt Weihnachten wirklich ausfallen?" fragte Micha ein wenig bange.

„Du bist bescheuert!" Thomas schüttelte den Kopf. „Bei den vielen Paketen, die sie in ihrem Schlafzimmer stehen haben."

„Es kann doch nicht alles an einem dusseligen Weihnachtsglöckchen hängen", sagte Micha und griff sich an die Stirn.

„Du weißt, wie wir nach einer Klingel für unser Baumhaus im Garten gesucht haben! Alles war fertig, und wir hatten nur keine Klingel!"

Micha konnte sich nicht mehr so recht daran erinnern.

„Und haben wir eine Klingel bekommen?" fragte er.

„Du hast sie doch selbst besorgt!" Thomas lachte. „Wir haben eine lange Kordel am Haus befestigt und das Glöckchen angehängt. Da brauchte man nur unten zu ziehen, und schon bimmelte es."

„Was für ein Glöckchen?" fragte Micha.

„Weiß ich doch nicht!" Thomas schüttelte den Kopf. „Du hast es geholt."

So langsam begann es Micha zu dämmern.

„Hängt es immer noch an dem Baumhaus", fragte er.

„Wo soll es sonst sein? Ich habe es nicht abgehängt!"

Im Nu hatte Micha die Schlappen ausgezogen und war in die Stiefel geschlüpft. Er riß seinen Anorak vom Haken und stürmte hinaus.

Kurze Zeit später kam er strahlend wieder zurück. In seiner Hand hielt er das vermißte Glöckchen.

„Ich hatte es aus dem Karton mit dem Weihnachtsschmuck genommen!" sagte er und keuchte noch vom schnellen Laufen.

„Und war es noch am Baumhaus?"

„Siehst du doch!" rief Micha, er hämmerte bereits mit einer Faust an die Tür des Weihnachtszimmers.

„Ich habe es!" schrie er und hielt Mutti das Weihnachtsglöckchen hin.

Mutti nahm es sofort. „Wo war es denn?" fragte sie, aber sie wartete seine Antwort gar nicht ab.

„Frag besser nicht", sagte Micha leise und setzte sich dann wieder zu seinem Bruder.

„Also fällt Weihnachten doch nicht aus!" lachte Thomas nur. „Das hab ich dir doch gleich gesagt!"

Ein richtiger Weihnachtsstern

„Wo ist der Weihnachtsstern?" fragte Monika ihren Vater, als sie abends aus dem Auto stiegen.

Der Vater versuchte, mit der einen Hand das Schlüsselloch an der Wagentür zu finden, um abzuschließen. Mit der anderen Hand zeigte er zum Himmel hinauf, der heute abend in seiner ganzen Sternenpracht zu sehen war. „Irgendwo dort oben!" sagte er.

„Wo dort oben?" fragte Monika.

„Eben irgendwo!" sagte der Vater. „So genau weiß ich das auch nicht."

„Schade." Monika senkte den Kopf.

„Warum?" fragte der Vater.

„Ich hätte es gern gewußt", sagte sie und fügte hoffnungsvoll hinzu: „Ich werde Mutti fragen!"

„Woher soll sie es wissen?" meinte der Vater. Aber als er bemerkte, wie traurig Monika war, versuchte er, sie zu trösten. „Ich habe doch eine CD-ROM für meinen Computer. Da ist das ganze Lexikon drauf!" sagte er. „Ich schaue nach. Dann sage ich es dir!"

„Gut", Monika nickte. „Wann sagst du es mir?"

„Morgen", meinte der Vater. „Heute ist es schon zu spät! Ich muß noch arbeiten, und du mußt bald ins Bett!"

Als ihre Mutter sie später zu Bett gebracht hatte und gegangen war, schlich Monika noch einmal heimlich aus dem Zimmer und holte sich das kleine Fernglas, das immer in dem Regal im Flur stand.

Dann knipste sie das Licht aus, ging behutsam durch das Zimmer zum Fenster und rückte sich ihren Stuhl dicht an die Fensterbank, so daß ihre Knie fast gegen die warme Heizung stießen. Sie zog den Vorhang etwas zur Seite. Von hier aus konnte sie mitten in den funkelnden Sternenhimmel sehen.

Dann suchte sie mit dem Fernglas langsam die Milchstraße und die vielen Sterne am Himmel ab.

Wo war nur der Weihnachtsstern? Monika suchte so lange, bis sie müde wurde. Dann ging sie ein bißchen enttäuscht ins Bett.

„Was soll denn das Fernglas in deinem Bett?" fragte die Mutter am nächsten Morgen, als sie Monika weckte.

„Ich habe den Weihnachtsstern gesucht!" antwortete Monika.

„Hast du ihn gefunden?"

Monika schüttelte den Kopf. „Vati will ihn mir heute zeigen", sagte sie.

„Woher soll Vati wissen, wo der Weihnachtsstern ist?" fragte die Mutter erstaunt.

„Er guckt auf seiner CD-ROM im Lexikon nach", meinte Monika.

Am Abend kam der Vater nicht zum Abendessen nach Hause. Er mußte noch arbeiten.

„Du kannst trotzdem wieder mit dem Fernglas ans Fenster!" meinte die Mutter. Sie sah, wie enttäuscht Monika war. „Es ist wieder sternenklar."

Wieder saß Monika im dunklen Zimmer am Fenster und schaute mit dem Fernglas in den leuchtenden Sternenhimmel.

Die Mutter war leise zu ihr gekommen. „Dort oben, das ist der große Wagen oder der große Bär", sagte sie. „Und irgendwo ganz in der Nähe muß auch der Weihnachtsstern sein! Mein Großvater hat ihn mir früher einmal gezeigt. Er wird vor Weihnachten immer heller und größer."

Sie standen lange zusammen am Fenster, Monika und ihre Mutter.
Den Weihnachtsstern fanden sie zwar nicht, aber es war schön, im
Dunkeln so nah beieinander zu sein. Wunderschön!

Am nächsten Tag rief Monika ihren Vater im Büro an.

„Der Weihnachtsstern ist eine Pflanze, die rote oder weiße Blätter hat, die wie Sterne aussehen. So stellen wir uns den Weihnachtsstern vor!" sagte der Vater.

„*Den* Weihnachtsstern kenne ich auch!" meinte Monika enttäuscht. „Aber *den* meine ich nicht."

„Mehr steht nicht im Lexikon!" antwortete der Vater kurz. „Und jetzt muß ich wieder arbeiten. Sag Mutti bitte, daß es heute sehr spät wird!"

Als Monika sich zu ihrer Mutter umdrehte, sah sie, daß sie weinte. Da brauchte sie ihr nicht mehr zu sagen, daß der Vater wieder spät nach Hause käme, sie wußte es auch so.

„Wir haben Glück", sagte die Mutter dann, als sie zusammen zu Abend gegessen hatten. „Draußen ist wieder so ein schöner Sternenhimmel!"

Sie standen an diesem Abend sehr lange zusammen am Fenster. Ohne Fernglas.

Einfach so. Und die Mutter hatte den Arm ganz fest um Monika gelegt.

„Vielleicht ist Vati Weihnachten nicht mehr bei uns", sagte sie plötzlich.

Sie schwiegen lange, und Monika spürte, daß ihre Mutter weinte.

Schon seit dem letzten Sommer hatte Monika gemerkt, daß irgend etwas zwischen ihren Eltern nicht mehr stimmte. Es hatte begonnen, als ihr Vater zum ersten Mal nicht mit ihnen gemeinsam in die Ferien fahren wollte.

„Ich weiß nicht, ob ich...", flüsterte die Mutter jetzt.

Monika drückte sich ganz fest an sie. „Ich weiß doch längst, daß er eine Freundin hat," sagte sie dann.

„Hat er es dir gesagt?"

„Ich habe sie einmal zusammen gesehen. Vati hat nicht gewußt, daß ich ihn abholen wollte."

„Und du hast mir nichts gesagt?"

Sie schwiegen lange. Dann mußte sich Monika kräftig die Nase putzen.

„Ich wollte dir nicht weh tun!" sagte sie dann ganz leise.

„Er wird wahrscheinlich noch vor Weihnachten eine Wohnung bekommen", sagte die Mutter nach langer Zeit.

Monika nickte. „Dann zieht er mit seiner Freundin zusammen."

„Ja!" Die Stimme ihrer Mutter war jetzt ganz ruhig, als sie weitersprach. „Er möchte, daß du mit ihm kommst!" sagte sie. „Er wünscht es sich so sehr."

„Und du?"

„Was fragst du da?" sagte die Mutter.

„Ich darf doch nein sagen?" fragte Monika.

„Es wird ihm weh tun, aber er wird dich nicht zwingen!"

Da mochte sich Monika dagegen wehren, so sehr sie nur konnte. Sie mußte weinen und weinen, und alles verschwamm vor ihren Augen. Auch der leuchtende Sternenhimmel.

Es tat weh, unendlich weh, daß ihre Eltern sich trennen würden. Alles würde anders werden.

„Ich geh doch nicht mit zu seiner Freundin!" schluchzte sie schließlich und warf sich ihrer Mutter in die Arme. „Ich bleibe doch bei dir! Ich gehöre doch zu dir!"

So standen sie lange da und sprachen nichts mehr.

Nach und nach versiegten Monikas Tränen. Und dann rief sie plötzlich: „Mutti, sieh doch nur, da war eine Sternschnuppe!"

„Du mußt dir was wünschen!"

„Und dort der helle Stern!" Monika zeigte mit der Hand nach vorn und stieß mit der Fingerspitze an die Fensterscheibe.

Da öffnete die Mutter das Fenster. Es war kühl draußen. Aber sie konnten beide den hellen Stern am Himmel ganz deutlich sehen. Er war groß und glänzte wie strahlendes Gold.

„Das ist er, der Weihnachtsstern", flüsterte Monika und fühlte sich mit einem Mal richtig froh.

„Ja!" sagte die Mutter. „Das kann nur der Weihnachtsstern sein!" Sie schloß das Fenster erst, als es ihnen richtig kalt wurde.

„Jetzt versuche, schnell einzuschlafen!" sagte sie, als sie Monika dann ins Bett gebracht hatte. „Morgen haben wir viel vor! Wir müssen endlich mit dem Plätzchenbacken anfangen. Jetzt, wo ich ganz sicher bin, daß du bei mir bleibst!"

„Wir lassen uns doch Weihnachten nicht vermiesen!" flüsterte Monika, als sie sich noch einmal ganz fest an ihre Mutter drückte. „Wir zwei beide!"

Ein Vorschlag

Weihnachtsmann, du tust mir leid!
Du mußt schaffen und dich plagen,
immer mehr Pakete tragen
jetzt zur Weihnachtszeit.
    Du schickst keinen andern her!
    Nein, das wär' dir zu gewöhnlich!
    Kommst zu jedem höchstpersönlich,
    fällt es dir auch schwer.
Du, ich helf dir, Weihnachtsmann!
Brauchst mir nur etwas zu sagen,
ich komm gleich und helfe tragen
und pack kräftig an!
    Wäre manches noch so schwer,
    brauchtest du dich nicht zu schinden!
    Einer vorn und einer hinten
    schleppten wir es her!
Sieh nur: Ich bin stark und fit!
Und ich bringe noch die Esther,
das ist meine kleine Schwester,
zur Verstärkung mit,
    Weihnachtsmann, das wär nicht dumm!!
    Denn die Zeit, die man sonst wartet,
    bis dann die Bescherung startet,
    Ging so schneller rum!

Der Engel im Krippenspiel

„Komm her! Ja, du! Komm einmal zu mir nach vorn!"

Frau Baumgärtner deutete mit dem ausgestreckten Zeigefinger auf den kleinen Engel, der ganz hinten auf der Bühne stand und sich jetzt hinter dem großen Vorhang mit dem leuchtenden Sternenhimmel verstecken wollte.

„Dich meine ich!" rief Frau Baumgärtner und stand nun von ihrem Stuhl vor der Bühne auf. Heute war die letzte Probe des Krippenspiels, an dem sich Kinder aus allen zwölf Grundschulklassen beteiligten. Aus jeder Klasse ein paar. Alle zusammen hatten seit mehr als vier Wochen das Weihnachtsspiel mit Frau Baumgärtner, der Musiklehrerin, geprobt. Heute abend nun sollte es für die Eltern und Freunde der Otfried-Preußler-Schule aufgeführt werden.

„Ja, komm nur!" Sie winkte den Engel zu sich.

Seltsam, daß ihr das Kind noch nie bei den Proben aufgefallen war. Oder war es vielleicht erst jetzt zu der letzten Probe gekommen?

Aber als Engel war es einfach wunderbar verkleidet. Diesem Umhang sah man wirklich nicht an, daß er wahrscheinlich nicht mehr als ein einfaches Bettuch war. Es ging ein blaues Leuchten von ihm aus, und die Flügel glitzerten golden.

Frau Baumgärtner hielt wirklich die Luft an, als der Engel auf sie zuging.

„Kind, du hast ja weder Strümpfe noch Schuhe an!" schimpfte sie.

„Ich friere nicht", sagte der kleine Engel freundlich und blickte sie mit großen Augen an.

„Das Krippenspiel gefällt mir. Ich habe nur ein bißchen zugeguckt."

„Siehst du! Wußte ich es doch!" Frau Baumgärtner nickte ihm freundlich zu. „Sonst wärst du mir doch bestimmt schon früher aufgefallen."

„In welcher Klasse bist du denn?" fragte sie. Doch als der kleine Engel nicht gleich antwortete, stellte sie gleich die nächste Frage.

„Sag mal, bist du ein Junge oder ein Mädchen?"

„Ein Engel", sagte der kleine Engel und lächelte.

Weil es nun auf der Bühne doch ziemlich laut wurde – das ist immer so, wenn Lehrer einen Augenblick nicht aufpassen – wandte sich Frau Baumgärtner wieder den Spielern zu.

„Die Maria muß auf die andere Seite!" rief sie. „Und Josef, bewege dich ein bißchen vorsichtiger, damit du nicht die Krippe umwirfst!"

„Wir haben noch kein Kind in der Krippe!" riefen die Kinder.

„Das kommt alles noch", beruhigte sie die Spieler. „Ich bringe heute abend meine alte Babypuppe mit! Sie liegt schon im Lehrerzimmer!"

Dann entdeckte sie den Ochsen und den Esel. „Ihr zwei! Auch wenn es die letzte Probe ist, ihr braucht jetzt nicht unbedingt einen Boxkampf dort hinten zu veranstalten."

„Er hat mich getreten!" beschwerte sich der Ochse.

„Ich bin der Esel!" rief der Esel. „Ich darf das!"

„Dieser Esel darf das jetzt nicht mehr!" schrie Frau Baumgärtner und funkelte ihn an. Da stand der Esel ganz still und versteckte sein Gesicht hinter der Maske mit den langen Ohren.

„So, und nun die Hirten auf dem Feld!" rief Frau Baumgärtner.

Als sich dann die Hirten mit den Schafen auf die Bühne legten, wandte sie sich dem kleinen Engel wieder zu, der die ganze Zeit über regungslos neben ihr gestanden und zugeschaut hatte.

„Gehe jetzt zu den anderen Engeln auf die Bühne", flüsterte sie ihm zu.

Die Hirten wachten auf, erschraken, als sie die Engel sahen und hörten dann ihre Botschaft: „Heute ist Gottes Sohn geboren! Lauft zum Stall! Dort werdet ihr ihn in der Krippe finden!"

Als aber dann die Engel den Kanon „Ehre sei Gott" anstimmten, da meinte Frau Baumgärtner, daß sie nie im Leben etwas Schöneres gehört hätte. Auch die Kinder kamen links und rechts hinter dem Vorhang hervor und hörten andächtig zu.

Während des ganzen Spiels, das heute gut klappte, hatte sie nur noch den kleinen Engel im Auge, der sich bescheiden im Hintergrund hielt. Aber am Schluß, als alle Hirten und Könige um die Krippe herumstanden, da sangen die Engel noch einmal den Kanon, den sie vorhin bei den Hirten schon gesungen hatten. Und Maria und Josef, die Hirten und die Könige stimmten laut ein. Über allen aber schwebte die Stimme des kleinen Engels, so zart und kräftig zugleich, so schön und engelgleich, daß alle davon wie verzaubert waren.

Nach der Probe stürmten die Kinder davon. Sie wollten noch nach Hause und später zusammen mit ihren Eltern zum Spiel wiederkommen.

Der kleine Engel war als einziger übriggeblieben. Er stand ein wenig unschlüssig und verloren auf der großen Bühne.

Frau Baumgärtner ging auf ihn zu und legte ihm ganz vorsichtig den Arm um den Hals.

„Ich habe noch nie jemanden so schön singen hören", sagte sie und nahm ihn an der Hand. Sie führte ihn zu den Stufen, die zur Bühne führten. Dort setzten sie sich nebeneinander auf die mittlere Stufe.

„Ich war noch nie in einem Krippenspiel", antwortete der kleine Engel.

„Aber Kind, du hast ja immer noch keine Schuhe an!" rief die Lehrerin da erschrocken. „Wo hast du sie denn nur?"

„Ich brauche doch keine Schuhe!" sagte der Engel leise und lächelte ihr zu.

Der Weihnachtsmann-Papa

Pauls Papa war schon lange arbeitslos. Da war er froh, daß er in diesem Jahr wenigstens für die Vorweihnachtszeit einen Job bekam.

In der kleinen Stadt wurde nämlich Jahr für Jahr auf dem Marktplatz ein großer Weihnachtsmarkt abgehalten. Es wurden schöne kleine Holzhäuschen aufgestellt, in denen allerlei weihnachtlicher Kram verkauft wurde. Christbaumkugeln, große und kleine bunt angemalte Nußknackermänner aus Holz, winzige geschnitzte Figuren aus dem Erzgebirge, Weihnachtspyramiden, Ausstechförmchen zum Plätzchenbacken, Krippenfiguren und vieles mehr. Dazu kamen Buden und Stände, wo man auch kleine Geschenke und Schmuck kaufen konnte. Dazwischen standen die Imbißbuden und luden zu frischer Röstbratwurst und Glühwein ein. Es war täglich ein buntes Treiben, und die Leute kamen von nah und fern.

Natürlich sollte auch jedes Jahr ein Weihnachtsmann auf dem Marktplatz herumlaufen. Er sollte den Kindern die Hand geben, sie auf den Arm nehmen, wenn die Eltern ein Foto von dem Kind mit dem Weihnachtsmann machen wollten, er sollte eben immer da sein, damit auf dem Weihnachtsmarkt so richtiges Weihnachtsgefühl aufkommen konnte. Dieses Jahr war Pauls Papa der Weihnachtsmann.

Wenn Paul aus der Schule nach Hause kam, war Papa längst schon auf dem Weihnachtsmarkt. Jeden Morgen ging er zum Rathaus am

Marktplatz und legte in einem kleinen Raum seine Verkleidung an: den roten Mantel mit dem weißen Fell am Saum und an den Ärmeln, die rote Weihnachtsmannmütze, die Stiefel, den Sack und den dicken Stock. Zum Schluß mußte er sich noch den großen weißen Wattebart umhängen, der ihn erst zum richtigen Weihnachtsmann machte.

Voriges Jahr hatte sich Paul richtig gefreut, als plötzlich der Weihnachtsmann auf dem Weihnachtsmarkt vor ihm stand und ihm einen Lebkuchen in die Hand drückte. Dieses Jahr war das ganz anders. Es war ihm furchtbar peinlich, daß ausgerechnet sein Papa dort den Weihnachtsmann spielen mußte.

„Ihr müßt euch das vorstellen", hatte Papa abends erzählt, „da läuft man den ganzen Tag verkleidet herum, muß ständig mit tiefer Stimme den Leuten fröhliche Weihnachten wünschen und alles tun, was sie von einem verlangen. Nur hin und wieder kann man sich kurz im Rathaus aufwärmen und wenigstens mal hinsetzen!"

Aber Papa ging jeden Morgen wieder los, weil sie eben das Geld, was er dabei verdiente, so nötig brauchten. Besonders jetzt vor Weihnachten.

Paul wollte dieses Jahr nicht auf den Weihnachtsmarkt, und Mama lieber auch nicht.

Papa wollte auch nicht, daß sie kamen. Es war für ihn schon schlimm genug, daß er keine andere Arbeit gefunden hatte. Und Weihnachtsmann spielen machte ihm von Tag zu Tag weniger Spaß.

Am Samstagmorgen dann, als Paul sich so richtig ausschlafen wollte, stand plötzlich Mama vor seinem Bett.

„Papa hat seinen Geldbeutel vergessen", sagte sie. „Bitte steh auf und bring ihn ihm."

„Weihnachtsmänner brauchen überhaupt keine Geldbeutel", schimpfte Paul und rieb sich den Schlaf aus den Augen.

„Paul, er muß bis zum Abend dort stehen", sagte Mama. „Und er muß sich mal etwas zu essen oder zu trinken kaufen können."

„Du gibst ihm doch immer ein Vesper mit!" meinte Paul, der überhaupt keine Lust hatte aufzustehen.

„Sogar das Klo kostet Geld", sagte Mama leise.

Mürrisch wälzte sich Paul aus dem Bett, stopfte sein Frühstücksbrot in sich hinein, schüttete den Becher Milch hinterher und machte sich dann auf den Weg zum Weihnachtsmarkt.

„Paß ja auf, daß du den Geldbeutel nicht verlierst!" rief Mama ihm nach.

Und Paul klopfte beruhigend auf seine Brust. „Ich habe ihn in der Innentasche vom Anorak."

Mühsam drängte er sich später zwischen den vielen Leuten auf dem Markt durch, immer nach allen Seiten spähend, um irgendwo den Weihnachtsmann zu entdecken.

„Paß doch auf, Kleiner!" sagte ein Mann, den Paul versehentlich angerempelt hatte.

„Entschuldigung!" Paul wich zur Seite aus, und so entdeckte er plötzlich den Weihnachtsmann ganz hinten an der Würstchenbude. Er stopfte gerade eine Currywurst mit vielen Pommes frites in sich hinein. Seltsam! Hatte Papa doch Geld eingesteckt und seinen Geldbeutel zu Hause gelassen? Paul ging auf ihn zu.

Der Weihnachtsmann blickte kurz von seinen Pommes frites auf, als Paul sich neben ihn stellte.

„Gibst du mir was von den Fritten ab?" fragte Paul und stieß ihn leicht in die Seite.

Der Weihnachtsmann zuckte zusammen und knurrte: „Du spinnst wohl! Hau ab, Kleiner!"

Paul konnte es nicht fassen. Er stand wie angewurzelt neben dem Weihnachtsmann, der sich wieder seinen Pommes frites und der Currywurst zugewandt hatte.

„Papa!" brachte er nur heraus. Und noch einmal ganz vorwurfsvoll: „Papa!"

Der Weihnachtsmann ließ die Pommes zurück auf den Teller fallen und starrte ihn verdutzt an.

„Was sagst du da?" fragte er.

„Mama schickt mich", stotterte Paul.

„Welche Mama?"

„Deine Frau!"

„Was soll der Quatsch!"

Der Weihnachtsmann zupfte verlegen an seinem Bart. „Ich bin überhaupt nicht verheiratet!"

„Papa!" Pauls Stimme wurde lauter.

„Ich bin nicht dein Papa!" tönte der Weihnachtsmann. „Jedenfalls weiß ich nichts davon!"

„Wer bist du denn?" fragte Paul plötzlich ganz leise.

Da zog der Weihnachtsmann ein wenig seine Mütze und den Bart zur Seite, so daß Paul seine Augen und seine Nase sehen konnte.

Nein, das war nicht Papa!

Als er verwirrt zurückwich und sich umschaute, sah er plötzlich einen zweiten Weihnachtsmann mit schnellen Schritten auf sich zukommen.

„Papa!" rief er verzweifelt. „Papa!"

Da hatte ihn der zweite Weihnachtsmann bereits erreicht und nahm ihn in den Arm.

„Paul!" sagte er immer wieder, bis Paul sich einigermaßen beruhigt hatte. „Mach doch nicht so einen Aufstand!"

„Mama schickt mich!" stammelte Paul, als er sicher war, daß der zweite Weihnachtsmann nun wirklich sein Papa war. „Du hast deinen Geldbeutel vergessen!" Auf einmal war alles wieder gut.

Der erste Weihnachtsmann lachte jetzt: „Schade, daß ich das nicht gewußt habe. Ich hätte mir gern von dir einen Geldbeutel schenken lassen!"

„An den Samstagen setzen sie immer zwei Weihnachtsmänner ein!" erklärte er dann. „Ich bin froh, daß ich wenigstens diesen Job noch erwischt habe!"

„Wenn ich jetzt mein Geld wiederhabe", meinte Papa schließlich, „dann lade ich uns alle drei zu Currywurst mit Fritten ein!"

„Ich bin so satt, daß ich kein Würstchen mehr hineinkriege!" meinte sein Kollege. „Aber zu einem Glühwein sage ich nicht nein!"

„Aber danach müssen die Weihnachtsmänner wieder ihre Runden drehen!" Papa schob den Bart immer etwas zur Seite, damit er die Wurst essen konnte, ohne sich zu bekleckern.

In diesem Augenblick kam Bärbel Brause mit ihrer Mutter an dem Würstchenstand vorbei. Sie hielt an und zupfte ihre Mutter am Ärmel.

„Guck doch nur," flüsterte sie, „da steht der Paul Weber aus meiner Klasse zusammen mit zwei Weihnachtsmännern und ißt Würstchen."

„Warum nicht?" sagte ihre Mutter und ging weiter. „Wenn es ihm schmeckt."

Die Jule
spielt ein Weihnachtslied

Die Jule spielt ein Weihnachtslied,
ein Lied auf ihrer Flöte.
Doch leider schon beim fünften Ton,
da hat sie große Nöte.
     Die Mutter ruft: „Mein liebes Kind,
     du spielst so falsch wie neulich.
     Das tut ja in den Ohren weh!
     Spiel doch nicht so abscheulich!"
Die Jule spielt ihr Weihnachtslied.
Wer will es ihr verwehren.
„Kommt" spielt sie, weil sie es so mag,
„und laßt uns Christum ehren!"
     Ihr Bruder schreit: „Da ist was falsch!"
     Da sagt die Jule kläglich:
     „Ich spiel's doch ab vom Notenblatt!
     Der fünfte Ton ist schrecklich!
Nicht nur bei *Christum* stimmt was nicht!
Auch noch bei *Herz und Sinnen.*
Ich muß bis *laßt* und *wertes Volk*
nochmal von vorn beginnen."
     Die Jule spielt ihr Weihnachtslied.
     Der Vater kommt nach Hause
     und sagt: „Du nervst, mein liebes Kind!
     Mach endlich mal 'ne Pause!"

68

Da sieht er, daß die Jule weint,
weil er es ihr verboten.
Drum sagt er freundlich: „Komm mal her
und zeig mir deine Noten!"
    „Aha!" sagt er, „Mein liebes Kind,
    jetzt sei nicht länger traurig.
    Hier steht ein *b*. Du spielst das *h*.
    Drum klingt es auch so schaurig!"
„Das ist ein *b*!" sagt Julchen da
und nickt ernst und beklommen.
„Im Flötenunterricht sind wir
zum b noch nicht gekommen!"

    Ihr Vater lacht und holt sogleich
    dann seine eig'ne Flöte.
    „Wir spielen jetzt zusammen! Schau,
    schon hast du keine Nöte!
Du spielst die schöne Melodie.
Du kannst das wie kein zweiter!
Doch kommt ein *b*, dann bist du still!
Und ich spiel für dich weiter.
    Dann spielst du wieder Melodie.
    Sie ist so schön und wichtig.
    Du stoppst beim *b*! Dann bin ich dran!
    Und schon wird alles richtig!"
Jetzt braucht sich über Jules Spiel
kein Mensch mehr zu beschweren.
„Kommt" spielt sie froh, weil Vati hilft,
„und laßt uns Christum ehren!"

Eine echte Weihnachtsüberraschung!

Vorletztes Jahr hat sich Lena ein Pferd zu Weihnachten gewünscht.
Da haben ihre Eltern laut gelacht.
„Sollen wir es ins Bad stellen?" haben sie bloß gefragt.
Letztes Jahr hat sich Lena einen Hund gewünscht.
Da haben ihre Eltern wieder gelacht.
„Damit er deine verrückten Wünsche frißt!" haben sie gesagt.
„Nein, ein Hund muß jeden Tag ausgeführt werden. Ein Hund braucht viel Zeit! So viel Zeit und so viel Platz haben wir nicht! Kein Hund, Lena!"
Dieses Jahr wollte sich Lena eine Katze wünschen. Da hat Kai mit ihr gesprochen. Kai ist Lenas großer Bruder.
„Alles Quatsch!" sagte Kai. „Das machen sie nie!"
Als er sah, wie traurig Lena war, meinte er: „Nun weine nicht gleich! Es gibt ja andere Tiere. Tiere, die kleiner sind, die nicht so viel Arbeit machen und in der Wohnung nichts anstellen."
Lena nickte. „Goldhamster vielleicht?" fragte sie dann. Und weil Kai es nicht gleich ablehnte, zählte sie noch weitere Tiere auf.
„Eichhörnchen, Meerschweinchen, Mäuse, Hasen!"
„Hasen nicht!" winkte Kai ab. „Die machen Dreck! Aber die anderen sind schon ganz gut!"
„Was soll ich denn nun auf meinen Wunschzettel schreiben?" fragte Lena endlich.
„Male doch das Tier, das du dir wünschst", lachte Kai. „Von mir aus auch gleich zwei!"

Am Abend lag Lenas Wunschzettel auf der Fensterbank, und am nächsten Morgen war er nicht mehr da.

Als Lena nachmittags bei Ina zum Geburtstag war, brüteten die Eltern mit Kai über Lenas Wunschzettel.

„Was soll das für ein Tier sein?" fragte Vati.

„Es sieht aus wie eine Riesenmaus!" Mutti starrte auf das Bild.

„Ein Meerschwein!" sagte Kai da.

„Ein Meerschweinchen!" Mutti nickte.

„Warum nicht?" meinte Vati. „Aber du besorgst es und hältst es in deinem Zimmer bis Weihnachten!"

„Und auf keinen Fall darf Lena etwas davon erfahren", beschwor ihn Mutti.

„Sie kommt nicht in mein Zimmer", sagte Kai. „Wenn ich weggehe, schließe ich ab und gebe dir den Schlüssel."

Vati griff nach seinem Geldbeutel.

„Da braucht man ja auch noch einen Käfig oder irgend eine Kiste – du weißt sicher Bescheid."

„Okay!" sagte Kai und steckte das Geld ein, das Vati ihm reichte.

„Übrigens ist es besser, wenn man zwei kauft. Eins ist immer traurig und hat Heimweh."

„Wenn du meinst", Mutti nickte ihm zu. „Du verstehst sowieso mehr davon als wir!"

„Meinst du, sie haben meinen Wunschzettel bekommen?" fragte Lena ein paar Tage später. Kai nickte ihr vielsagend zu.

Von diesem Augenblick begann Lena, auf ein Tier zu hoffen. Aber sie sagte nichts.

Ab Freitag vor dem dritten Adventssonntag durfte Lena nicht mehr in Kais Zimmer.

„Weihnachtsüberraschung!" sagte er nur.

Da hielt Lena ihren Daumen hoch und fragte: „Eins?"

„Zwei!" antwortete Kai sogleich und streckte seinen Daumen und den Zeigefinger. Dann hätte er sich am liebsten in die Zunge gebissen. „Wehe, du verrätst etwas!" sagte er noch. Aber Lena schüttelte lachend den Kopf und knuffte ihn in die Seite.

Kurz vor Weihnachten meinte Vati einmal beim Abendessen: „Dieses Jahr wird es eine Riesenüberraschung für Lena geben!"

Lena schaute von Vati zu Mutti, die ihr zunickte. Dann sah sie zu Kai hinüber und zeigte ihm ganz kurz ihren Daumen und den Zeigefinger zusammen. Kai grinste und hob seine linke Hand, wobei er den Daumen und die Finger weit spreizte.

„Fünf?" fragte Lena und brachte ihren Mund nicht wieder zu.

Sie streckte ihre Hand hoch, spreizte die Finger und zählte sie einzeln ab. „Eins, zwei, drei, vier, fünf?"

Kai nickte und hob noch einmal die Hand.

„Fünf!" sagte er.

„Falsch!" sagte Vati in diesem Moment. „Es sind nur noch vier!"

Und als Lena und Kai ihn völlig verdutzt anblickten, wiederholte er es. „Nicht fünf! Nur noch vier Tage bis Weihnachten!"

Da prustete Kai laut los, so daß ihn Lena ganz erschrocken ansah.

„Ist was?" fragte Vati.

Kai schüttelte immer noch lachend den Kopf

„Es ist nur wegen der Überraschung!" sagte er endlich, als man ihn wieder verstehen konnte. „Eine echte Weihnachtsüberraschung wird das!"

Vor Weihnachten fragt man nicht nach Geschenken und Überraschungen, weil man sonst den anderen, die einen überraschen und beschenken wollen, leicht den Spaß verderben kann. Lena hielt es aus bis zum letzten Tag vor Weihnachten.

Da streckte sie, als sie mit Kai allein in der Küche war und beide den Tisch deckten, noch einmal alle fünf Finger ihrer Hand hoch, um sich zu vergewissern, daß es wirklich stimmte.

Doch Kai sah sie nur lange an und verkniff sich das Lachen.

„Sag doch", bettelte Lena. „Wirklich fünf?"

Kai schüttelte den Kopf und streckte langsam vier Finger hoch.

„Was ist mit dem einen?" fragte Lena aufgeregt.

„Nichts!" antwortete Kai und hob die andere Hand auch noch hoch. Die Hand mit fünf gespreizten Fingern.

„Neun?" fragte Lena und konnte es nicht fassen.

„Ja, neun!" Kai konnte nicht weitersprechen, weil jetzt Mutti in die Küche kam.

Der Weihnachtsabend war für Lena wirklich eine echte Überraschung.

Neun Meerschweinchen! Wer hätte das für möglich gehalten.

Aber für ihre Eltern war die Überraschung noch größer.

„Zwei Meerschweinchen solltest du besorgen!" rief Vati und atmete schwer. Fast hätte er vergessen, daß gerade der Weihnachtsabend angefangen hatte.

„Ich habe zwei Meerschweinchen gekauft!" antwortete Kai ganz ruhig. Er hatte damit gerechnet, daß seine Eltern nicht gerade begeistert sein würden.

„Du mußtest doch wissen, daß wir kein Pärchen haben wollen!" sagte seine Mutter.

„Es ist kein Pärchen!" antwortete Kai. „Das weiß ich ganz genau!"

„Und wo kommen die vielen Viecher her?" schnaubte Vati.

„Es sind Meerschweinchen!" verbesserte Lena leise.

„Ich wollte ganz sicher sein!" erklärte Kai. „Da habe ich zwei Weibchen gekauft. Nur leider waren beide Weibchen schwanger!" Es gelang ihm wirklich kaum, sein Lachen zu unterdrücken. „Das habe ich aber erst vor Weihnachten gemerkt!"

„Na denn, frohe Weihnachten!" rief Vati und ließ sich in seinen Sessel fallen.

In den Tagen nach Weihnachten und im neuen Jahr beschenkte Lena viele Freundinnen mit süßen kleinen Meerschweinchen. Und alle Kinder haben sich darüber sehr gefreut.

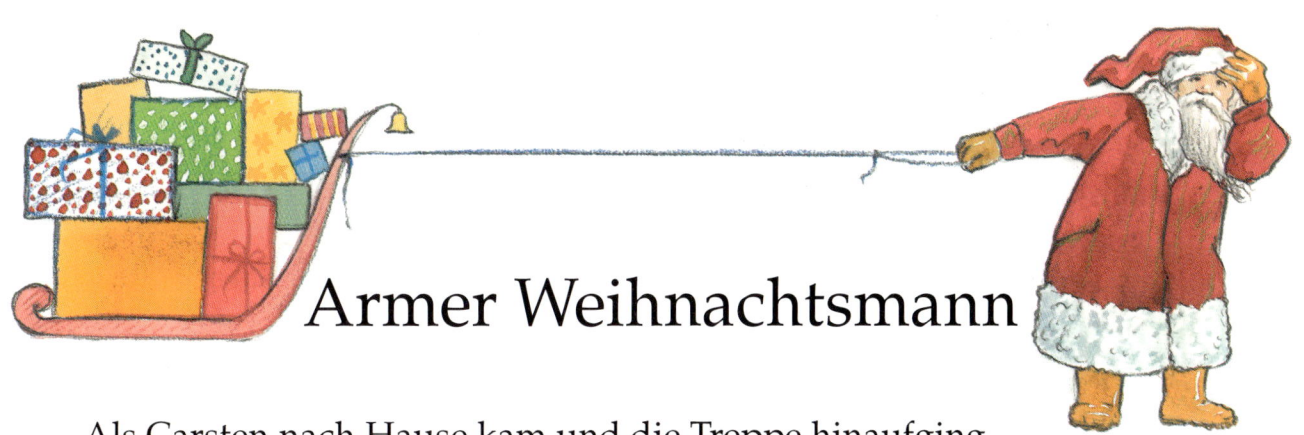

Armer Weihnachtsmann

Als Carsten nach Hause kam und die Treppe hinaufging, war es bereits dämmrig. So erschrak er sehr, als er plötzlich ein leises Schnaufen auf dem Treppenabsatz über sich hörte.

„Hallo!" rief er nach oben. „Ist da jemand?"

„Auch hallo!" brummte einer zurück. „Ja! Aber schrei nicht so!"

„Wer sind Sie?" fragte Carsten.

„Ich bin der Weihnachtsmann!"

„Wer?" Carsten konnte es nicht glauben.

„Ja, der Weihnachtsmann!"

„Wir haben erst den neunzehnten Dezember", bemerkte Carsten.

„Na und?" flüsterte die Stimme zu ihm herunter. „Die Leute wünschen sich von Jahr zu Jahr mehr! Da muß der Weihnachtsmann früher anfangen, damit er pünktlich am Weihnachtsabend fertig ist!"

Es knarrte und schnaufte über ihm, dann kam der Weihnachtsmann langsam die Treppe herunter. Jeder Schritt schien ihm schwer zu fallen.

„Geht es Ihnen nicht gut?" fragte Carsten, als er sah, wie mühselig er sich am Treppengeländer abstützte.

„Kein Mensch sagt Sie zu mir!" brummelte der Weihnachtsmann. „Da kannst du auch ruhig du zu mir sagen!" Und als er merkte, daß Carsten nun ganz aufgeregt wurde, weil es wirklich der Weihnachtsmann war, der da vor ihm stand, fügte er noch hinzu: „Es ist mir lieber so!"

„Meine Eltern sind noch nicht da!" meinte Carsten, nachdem sie lange unschlüssig voreinander gestanden und sich gegenseitig gemustert hatten. „Wenn Sie Lust haben…, äh, du kannst gern hereinkommen!"

„Für einen Augenblick gern!" sagte der Weihnachtsmann und legte auch gleich all seine Päckchen und Pakete ab, die er mit sich trug, bevor er es sich in Vatis Fernsehsessel gemütlich machte.

„In der Thermoskanne ist noch heißer Tee!" sagte Carsten. „Meine Mutter hat ihn erst vorhin gekocht!"

„Fein!" sagte der Weihnachtsmann und sah zu, wie Carsten den Tee in eine Tasse schüttete. Er dampfte noch.

Bedächtig trank er dann seine Tasse Schluck für Schluck leer. Es ging ihm schon viel besser.

„Kann ich noch etwas für dich tun?" fragte Carsten.

„Gern!" antwortete der Weihnachtsmann nach einer Weile zögernd.

„Wenn du mir den linken Stiefel ausziehen könntest!" sagte er schließlich. „Es fällt mir so schwer, mich zu bücken."

Gleich machte sich Carsten daran, ihm den dicken hohen Winterstiefel von seinem Fuß herunterzuziehen. Dabei überlegte er sich, ob der Weihnachtsmann wohl besondere Strümpfe anhatte? Weihnachtsmannstrümpfe? Oder trug er so schwarze Socken wie sein Großvater?

„Au!" stöhnte der Weihnachtsmann, als der Stiefel ausgezogen war. Tatsächlich, dachte Carsten, ganz gewöhnliche schwarze Wollsocken!

„Könntest du mir auch den Strumpf ausziehen?" fragte nun der Weihnachtsmann und hatte ganz rote Backen vor Verlegenheit. „Oder macht es dir was aus?"

„Es macht mir nichts aus", lachte Carsten und zog den schwarzen Strumpf herunter.

„Oha!" sagte er dann und pfiff durch die Zähne.

„Was heißt ,oha'?" jammerte der Weihnachtsmann.

„Du hast eine dicke Blase an der großen Zehe", sagte Carsten. „Da hat es gerieben, und es ist ein bißchen blutig."

„Auweia!" stöhnte der Weihnachtsmann. „Diese vermaledeiten neuen Winterstiefel. Ich habe gleich gesagt, sie sind mir zu eng."

„So schlimm ist es auch nicht", tröstete ihn Carsten. „Wir haben Pflaster in unserer Hausapotheke."

„Sehr nett!" Der Weihnachtsmann nickte zustimmend.

„Mit Wundpuder oder Heilsalbe?" fragte Carsten noch, bevor er ins Bad ging.

„Was ist besser?" fragte der Weihnachtsmann.

„Weiß ich nicht", Carsten überlegte kurz. „Heilsalbe schmiert so", sagte er dann.

„Ja, Wundpuder ist sicher besser", meinte der Weihnachtsmann. Dann genoß er es richtig, als Carsten ihm den Wundpuder auf die blutige Stelle streute und dann ganz behutsam ein dickes Pflaster darüber klebte.

Ebenso behutsam zog er ihm den Strumpf wieder an.

„Geht es so?" fragte er.

„Wunderbar!" Der Weihnachtsmann nickte ihm dankbar zu. „Ich spüre keine Schmerzen mehr. Und jetzt noch den Stiefel!"

Nein, auch jetzt, als er die Stiefel wieder anhatte, vom Sessel aufstand und richtig auftrat, tat nichts weh. Jetzt ging es dem Weihnachtsmann wieder gut.

„Soll ich dir den Rest von dem Pflaster mitgeben?" fragte Carsten. „Oder hast du was zu Hause?"

„Vor Weihnachten muß man an alles denken", entgegnete der Weihnachtsmann unsicher. „Nur selten an Pflaster!"

„Steck es ein", lachte Carsten. Zufrieden sah er zu, wie der Weihnachtsmann das Pflaster in seiner Manteltasche verstaute. Dann suchte er seine Pakete und Päckchen zusammen, nahm alles unter den Arm und machte sich wieder auf den Weg.

„Danke, Carsten", sagte er, als er sich an der Tür verabschiedete. „Bis Weihnachten dann!" Er blinzelte Carsten noch einmal vielsagend zu, bevor er sich auf den Weg machte.

Carsten sah ihm nach. Toll! Der Weihnachtsmann hatte seinen Namen gewußt.

Carsten war in seinem Zimmer, als die Mutter heimkam und nach ihm rief.

„Was ist das für ein Päckchen?" fragte sie, als er ins Wohnzimmer lief.

„Was für ein Päckchen?" fragte er erstaunt.

„Dieses hier!" Sie hielt es ihm direkt unter die Nase. „Es lag dort im Sessel!"

Sie blickte ihn prüfend an. „Wer hat es denn abgegeben?"

Und als Carsten immer noch nicht wußte, was er antworten sollte, las sie ihm vor, was auf dem Päckchen stand.

„Für Carsten Overheidt! Unbedingt vor Weihnachten zu öffnen!"

„Vom Weihnachtsmann!" schrie Carsten und riß ihr das Päckchen fast aus der Hand.

„Junge, Junge!" rief sie ihm nach, als er zurück in sein Zimmer rannte. „Sag doch gleich vom Osterhasen oder vom Klapperstorch!"

„Das würdest du mir ja auch nicht glauben!" rief Carsten. Er kam noch einmal zu ihr zurück und gab ihr einen Kuß auf die Backe.

Aber dann flitzte er davon. Er mußte unbedingt sofort dieses Päckchen auspacken, das der Weihnachtsmann für ihn zurückgelassen hatte.

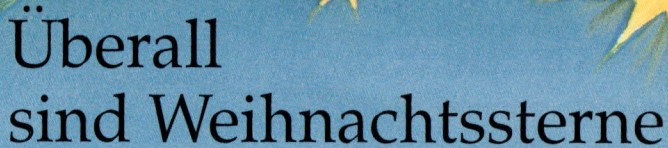

Überall
sind Weihnachtssterne

Es waren drei Herrn,
die sahen den Stern
und folgten ihm gern und froh.
So führte der Stern
am Ende die Herrn
zum Kind in dem Krippenstroh.
    So leuchtet der Stern
    uns heute noch gern.
    Drum macht eure Herzen bereit.
    Es führt uns der Stern
    wie damals die Herrn
    direkt in die Weihnachtszeit.
Es führte der Stern
schon damals die Herrn
zur Krippe, zu Jesus Christ.
Der Stern weiß Bescheid,
drum sagt er bis heut,
was Weihnachten wichtig ist.
    Nicht Glitter und Glanz,
    nicht die Weihnachtsgans,
    nicht Päckchen, Geschenke und Geld.
    Weil Gott bei uns ist
    und uns niemals vergißt.
    Drum leuchtet der Stern in die Welt.

Opas Weihnachtsbaum

Jedes Jahr kamen die Großeltern über Weihnachten zu Dorothea, Jonathan und Fabian und ihren Eltern nach Mühltal. Sie reisten am Heiligen Abend an, und fuhren am ersten Weihnachtstag nach dem Kaffeetrinken wieder heim. Seit Dorothea zurückdenken konnte, war sie am ersten Weihnachtstag mit den Großeltern gefahren. Oft flogen sie dann gleich am zweiten Weihnachtstag in den Urlaub. Und Dorothea durfte immer mitkommen. Einmal waren sie sogar in Bali gewesen. Das war so schön, daß Dorothea es wohl ihr Leben lang nicht vergessen würde.

Dieses Jahr wollten die Großeltern aber in den Weihnachtsferien zu Hause bleiben. Und Dorothea freute sich sehr darauf.

„Wir haben auch einen Weihnachtsbaum aufgestellt", sagte Opa, als sie im Auto saßen. „Vielleicht liegt sogar noch etwas für dich darunter!"

„Nicht viel!" wandte Oma gleich ein. „Deine Geschenke hast du ja gestern abend von uns bekommen."

„Klar!" sagte Dorothea. Trotzdem freute sie sich sehr darauf und konnte es kaum erwarten, daß sie endlich da waren.

„Es ist ein ganz altmodisch geschmückter Baum", sagte Opa nach einer Weile. „Hoffentlich wird er dir gefallen!"

„Opa hat ihn aus dem Wald geholt", erzählte Oma. „Er ist viel zu groß, aber Opa wollte ihn unbedingt so groß haben!"

„Früher hatten wir immer große Weihnachtsbäume", sagte Opa nur. „Und Dorothea soll sich über ihn freuen."

Als sie dann endlich ankamen und Opa das Auto in die Garage gefahren hatte, da mußte Dorothea noch lange warten. Opa war nämlich im Wohnzimmer verschwunden und hatte geheimnisvoll den Finger auf den Mund gelegt. „Ihr merkt schon, wann ihr kommen dürft!" hatte er noch gesagt, „Es dauert nicht sehr lange!"

Oma machte sich in der Küche zu schaffen. „Du kannst mir helfen!" rief sie durch die geöffnete Tür. Aber Dorothea saß gespannt auf dem Hocker im Flur und lauschte auf jedes Geräusch, das aus dem Wohnzimmer kam.

Dann klingelte es plötzlich ganz zart und leise.

Oma kam aus der Küche, legte den Arm um Dorothea und flüsterte ihr ins Ohr: „Das Weihnachtsglöckchen!"

Mutti hatte zu Hause immer eine CD mit Weihnachtsliedern aufgelegt, wenn die Tür zum Weihnachtszimmer geöffnet wurde und alle drei Kinder hineinstürmten.

Hier war alles ganz anders.

Die Tür öffnete sich sehr langsam, und ein helles, warmes Licht drang heraus. Und als die Tür weit geöffnet war, konnte Dorothea geradewegs auf den Weihnachtsbaum sehen. Was war das für ein Baum!

Er reichte vom Boden bis hoch an die Decke, und bis obenhin war er mit Kerzen geschmückt.

„Jetzt wollen wir zuerst singen", flüsterte Oma Dorothea zu und zog sie behutsam hinter sich ins Wohnzimmer. Da stand das kleine Sofa, das Oma und Opa immer beim Fernsehen benutzten. Heute quetschten sie sich alle drei darauf.

Und dann stimmte Oma ein Lied an. Ein Weihnachtslied.

Ja, Dorothea kannte dieses Lied auch. Sie hatten es früher im Kindergarten und jetzt auch in der Schule gesungen: „Ihr Kinder-

lein kommet". Zuerst traute sie sich nicht so recht. Zu Hause wurde an Weihnachten nic gesungen. „Wir singen ja auch sonst nicht", hatte Vati einmal gesagt. „Und zudem können die das auf der CD viel besser!"

Dann sangen sie „Es ist ein Ros entsprungen". Das Lied hatte Dorothea auch schon einmal gehört. Es folgte noch ein weiteres Lied, und dann immer noch eins. „Stille Nacht", „Kommet, ihr Hirten" und „O, du fröhliche". So gut sie konnte, sang oder summte Dorothea mit.

Dann stand Oma auf und ging zum Klavier. „Jetzt singen wir nur noch zwei Lieder. Sie sind unsere Lieblingslieder!"

„Fang an!" Opa räusperte sich.

Oma nickte. „Das ist mein Lied", sagte sie schließlich und begleitete sich auf dem Klavier, als sie zu singen begann. Nach einer Weile stimmte Opa ein. Sie sangen ein Lied von Maria und von Dornen, die Rosen getragen hatten: „Maria durch ein' Dornwald ging". Nein, Dorothea hatte das Lied noch nie gehört, aber schön war es und ein bißchen traurig. Es gefiel ihr sehr.

Opas Lieblingslied hatte viele Schleifen in der Melodie. Opa sang es so laut und kräftig, daß er sich zwischendurch räuspern mußte, wenn er die hohen Töne nicht beim ersten Versuch erreichte: Es hieß: „Tochter Zion, freue dich". Und Dorothea nickte ihm fröhlich zu, obwohl sie sich jetzt ein bißchen das Lachen verkneifen mußte. Es war auch zu komisch, wenn er so laut sang und dabei vor Freude die Augen verdrehte.

„So", sagte Opa dann. „Jetzt ist für mich erst richtig Weihnachten!"

Dann ging er mit Dorothea zusammen zu dem Weihnachtsbaum. Und Dorothea stand vor dem Baum, schaute an ihm hinauf und staunte. Staunte und staunte.

Was gab es nicht alles an diesem Baum zu entdecken!

An einem bunten Ballon schwebte ein Körbchen mit einer jungen Frau, ein dicker bunter Nikolaus leuchtete von innen, glänzende Vögel mit glitzernden Schwänzen saßen auf den Tannenzweigen, pausbackige Engel schwebten dazwischen, Schaukelpferdchen aus Holz mit winzigen Reitern darauf, winzige goldene Trompeten und leuchtende Äpfel, Pfirsiche und Birnen.

Es war so schön, daß Dorothea sich nicht satt sehen konnte und immer wieder etwas Neues entdeckte.

„Es ist alter Christbaumschmuck", sagte Oma. „Ein Teil davon stammt noch aus der Zeit, als Opa und ich Kinder waren. Dort, das Käthchen Pauly ist noch älter."

Sie deutete auf den Ballon mit der schwebenden Frau.

„Wer ist Käthchen Pauly?" fragte Dorothea.

„Irgendeine Frau, die mit einem Ballon geflogen ist", meinte Opa. „So genau weiß ich das auch nicht!"

Er nahm die kleine Figur mit dem großen Ballon ganz vorsichtig herunter und reichte sie Dorothea. Sie war aus Pappe und von beiden Seiten mit glänzendem Papier beklebt.

„Meine Großeltern hatten sie schon am Weihnachtsbaum!" sagte er dann. „Ich habe als Kind sie immer am allerliebsten gehabt und am Weihnachtsbaum zuallererst gesucht." Er nickte Dorothea zu. „Und jetzt hängt sie hier bei uns!"

„Mutti sagt, richtige Kerzen sind gefährlich", überlegte Dorothea, die immer wieder in die flackernden Flammen blickte. „Aber es riecht so gut, und sie sind richtig lebendig."

„Bei euren beiden kleinen Rabauken sind die elektrischen Kerzen bestimmt richtig!" lachte Opa und dachte an die wilde Jagd gestern abend um den Baum. „Aber unter dem Baum muß noch ein Päckchen liegen. Das hat das Christkind für dich gebracht."

„Stecken wir morgen wieder den Weihnachtsbaum an?" fragte Dorothea, als sie sich endlich für das Bett fertig machte.

„Um Gottes Willen, nur das nicht!" lachte Opa. „Er soll uns doch nicht abbrennen!" Er blinzelte Dorothea zu. „Aber die Kerzen am Baum, die stecken wir ganz bestimmt wieder an!"

„Das meine ich doch!" Dorothea gab Oma und Opa einen Gutenachtkuß und machte sich auf den Weg zu ihrem Zimmer. Morgen würde sie bei Oma und Opa sein. Morgen und übermorgen. Und noch viel länger.

Doch noch etwas von Weihnachten spüren

Den ganzen Tag über hatte sich die alte Meta tapfer gehalten. Am Morgen des 24. Dezembers war sie fröstelnd in dem Heizungskeller der alten Schule aufgewacht, wo sie die Nächte mit Zustimmung des Hausmeisters verbringen durfte. Aber jetzt hatten die Kinder Ferien. Da wurde die Heizung natürlich heruntergedreht.

Die Tage waren kalt geworden, und die Nächte noch kälter.

Am Tag, wenn Meta mit den anderen Obdachlosen zusammen war, spürte sie die Kälte nicht gar so sehr. Da wärmte sie der billige Fusel, der die Runde machte.

Als Meta heute morgen in ihrem klammen Heizungskeller wach geworden war, da spürte sie noch diesen schalen Geschmack von Wermut und Zigarettenqualm im Mund, den sie eigentlich haßte, weil ihr davon gerade am Morgen oft übel wurde. Sie wand den dicken Schal ein paarmal um den Hals und wickelte sich dann in den alten grauen Mantel ein, den sie schon seit Jahren im Sommer wie im Winter trug. Dann verstaute sie die beiden Plastiktüten mit der wenigen Unterwäsche und ihren übrigen Habseligkeiten in einer Ecke und breitete den Schlafsack, den ihr der Hausmeister einmal geschenkt hatte, darüber aus. Sie ging hinaus, und eine feuchte, kalte Luft schlug ihr entgegen. Das Kopfsteinpflaster auf dem Gehweg war glatt, so daß sie nur ganz bedächtig weiterschlittern konnte und sich immer wieder an der Hauswand festhalten mußte.

Auf dem Weihnachtsmarkt fingen sie heute morgen damit an, die Stände und Buden abzubauen. An diesem Morgen würde nicht mehr viel Kundschaft kommen, und außerdem war heute nachmittag um zwei Uhr sowieso die ganze Betriebsamkeit zu Ende.

Meta schlenderte an dem Stand mit den frischen Backwaren vorbei. Manchmal bemerkte sie jemand und schenkte ihr ein frisches Brötchen oder irgendein köstliches Zuckerzeug. Das war dann für die alte Meta ein Sonntagsfrühstück.

Aber heute bemerkte sie keiner. Die Verkäuferinnen hatten ihre Hände und Arme tief in ihren Manteltaschen vergraben und nahmen sie nur heraus, wenn sich Kunden über die Theke beugten und sie direkt ansprachen.

Die Leute gingen eilig an ihr vorüber, bemüht, jetzt noch die allerletzten Weihnachtseinkäufe zu tätigen. Auch ihre ausgestreckte Hand wurde heute noch häufiger als sonst übersehen.

Die alte Meta hockte sich auf die kalte Bank neben dem Papierkorb.

Heute morgen ging es ihr wirklich nicht besonders gut. Sie stützte den Kopf auf und hätte am liebsten die Beine auf die Bank gelegt. Wenn sie doch wenigstens irgendwas zu essen hätte. Oder ein Glas Rotwein oder gar eine Flasche Wermut.

Von den anderen Obdachlosen war noch keiner da. Sicher würden sie bald auftauchen, und einige würden auch wieder Geld haben. Sie würden alles mit ihr teilen, das Essen und den Alkohol. Und dann würde es immer kälter und dunkler werden, und die alte Meta würde sich wieder in ihren Heizungskeller zurückziehen.

Doch die anderen ließen heute lange auf sich warten.

Eine alte Frau setzte sich zu ihr auf die Bank.

„Nur einen Augenblick", sagte sie. „Die Beine wollen nicht mehr so recht. Aber lang kann man bei dieser Kälte hier ja nicht sitzen!"

Sie blickte Meta von der Seite an.

„Sie sind das", sagte sie dann. „Ich habe Sie im Sommer manchmal im Hofgarten gesehen. Mit Ihren Freunden. Und da hieß es immer ‚Hoch die Tassen!'…"

Meta antwortete nicht. Die Frau sprach weiter.

„Was machen Sie denn jetzt, wenn es so kalt ist?" fragte sie. „Haben Sie denn wenigstens ein warmes Zimmer?"

„Nachts zum Glück einen Heizungskeller…", antwortete Meta leise.

„Und heute? Weihnachten?"

„Auch der Heizungskeller!" sagte Meta.

„Haben Sie denn überhaupt schon etwas gegessen?"

Meta seufzte und sagte nichts.

Da kramte die Frau in ihrer Tasche, holte aus einer Papiertüte einen dick mit Zucker bestreuten Berliner heraus und reichte ihn der alten Meta.

„Ich habe wieder viel zu viel eingekauft", meinte sie. „Seit mein Mann gestorben ist, kaufe ich immer zuviel!"

Die alte Meta aß mit Heißhunger.

„Wie feiern Sie heute ohne Ihren Mann?" fragte sie dann. „Kommen Ihre Kinder und Ihre Enkel?"

„Ich habe keine Kinder." Die alte Frau schwieg lange. „Ich lebe ganz allein", sagte sie dann. Und nach einer Weile: „Da fällt Weihnachten aus!"

„Bei mir schon seit vielen Jahren!" Die alte Meta versuchte, die Frau zu trösten, doch das, was sie sagte, war genauso traurig.

„Hätten Sie denn Lust, mit mir nach Hause zu kommen?" fragte die fremde Frau plötzlich.

Meta zuckte zusammen. Das hatte noch nie jemand zu ihr gesagt!

„Zu Ihnen?" forschte sie nach einer Weile, ohne die Frau anzublicken.

„Ich sage es so, wie ich es meine", antwortete die Frau. „Wir könnten es uns zusammen ein bißchen gemütlich machen und vielleicht doch noch etwas von Weihnachten spüren."

„Könnte ich bei Ihnen duschen?" fragte Meta.

„Ich habe sogar eine Badewanne!" sagte die Frau.

„Richtig baden!" Meta dachte lange nach. „Ich weiß nicht, wann ich zuletzt so richtig in einer Wanne gebadet habe!"

„Sie kommen also mit?"

Die alte Meta nickte und stand langsam auf.

„Sie können über Weihnachten gern bei mir bleiben", sagte die Frau.

„Wenn Sie noch einen Moment warten!" bat Meta und machte sich dann so schnell sie konnte auf den Weg zu dem Heizungskeller. Sie hatte es so eilig, daß sie noch nicht einmal den alten Horst sah, der ihr von der anderen Straßenseite zuwinkte.

Kurze Zeit später kam sie mit ihren beiden Plastiktaschen zurück. Sie ging leicht gebückt. Je näher sie der Bank kam, um so zögernder und langsamer ging sie.

Als sie aber sah, daß die fremde Frau nicht fortgegangen war, sondern noch immer bei der Bank stand und auf sie wartete, da streckte sich ihr Körper und sie ging mit großen Schritten auf sie zu.

Vielleicht würden sie heute doch noch etwas von Weihnachten spüren, die alte Meta und die fremde Frau.

„Es ist nicht weit zu mir nach Hause", meinte die Frau, als sie dann nebeneinanderher gingen. „Ich heiße übrigens Erika."

Hannas schönstes Weihnachtsgeschenk

Die Weihnachtsferien sind vorüber, und die Kinder sitzen am ersten Schultag mit Frau Müller-Schmidtlein im Klassenzimmer.

„Was war denn nun euer schönstes Weihnachtsgeschenk?" fragt die Lehrerin.

Da gehen die Finger hoch und die Antworten überschlagen sich nur so.

„Ich habe einen Computer bekommen!" schreit André. „Und dazu sieben Computerspiele!"

Aber Michael ruft gleich dazwischen: „Eine Ritterburg mit einem richtigen Burgverlies und Kanonen, die schießen!"

„Eine neue Barbie!" sagt Katharina und hält die Puppe hoch, daß sie alle sehen können. Sie hat sie extra zum ersten Schultag mitgebracht. „Und ein großes Barbiehaus!"

„Ich auch!" „Ich auch!" fallen Vanessa und Julia ein.

„Und ich eine kleine Heimorgel", sagt Jessica bedächtig. „Ab übermorgen bekomme ich auch Orgelunterricht!"

„Ich habe auch eine bekommen!" ruft Julius gleich hinterher. „Aber ich kann schon ein bißchen spielen!"

Guido hat den alten Videorecorder von seinen Eltern bekommen. „Naja…", sagt Frau Müller-Schmidtlein, die ihm den Spaß nicht verderben will. Nein, das findet sie gar nicht gut.

Dafür lacht sie laut, als Tobias erzählt, was er bekommen hat.

„Ein Angelspiel mit Batterien. Wenn man die Angel über die Fische hält, dann schnappen sie richtig nach den Würmern!"

„Angelt ihr denn mit richtigen Würmern?" will Sophia wissen.

Da müssen alle laut lachen, nicht nur Frau Müller-Schmidtlein.

„Was hast du denn bekommen?" fragt sie Sophia.

„Zwei Tage nach Weihnachten ein Brüderchen!" ruft Sophia und lacht am allerlautesten, weil sie sich so freut. Sie hat sogar zwei Fotos mitgebracht, die die Lehrerin in der Klasse herumgehen läßt.

Einer nach dem anderen erzählt, was es zu Weihnachten gegeben hat.

Ein ferngelenktes Polizeiauto für Louis, einen großen Technikbaukasten für Thilo, einen Superschlitten für Marina und gleich sechs Videofilme auf einmal für Jonathan.

„Und Hanna?" fragt Frau Müller-Schmidtlein und nickt Hanna

freundlich zu. „Was war denn dein schönstes Weihnachtsgeschenk?"

Hanna braucht lange, bis sie endlich antwortet.

„Ich habe meinen Papa bekommen!" sagt sie endlich.

Als alle Kinder sich nach ihr umdrehen, wird Hanna rot vor Verlegenheit.

„Da freuen wir uns doch alle mit dir!" sagt die Lehrerin. „Hat
deine Mama wieder geheiratet?"

„Nein…", meint Hanna stockend, „es ist mein Papa wie immer!"
Sie weiß nicht, wie sie das Frau Müller-Schmidtlein und den
anderen Kindern klarmachen soll.

„Mein Papa ist im Frühjahr bei uns ausgezogen!" sagt sie schließlich. „Meine Eltern lebten getrennt!" So hatten es ihr die Großen
erklärt.

„Aber jetzt…", wieder stockt sie, „jetzt haben sie gemerkt, daß sie
sich doch nicht trennen wollen!"

„Sie haben sich also immer noch lieb!" sagt die Lehrerin einfach,
und Hanna nickt.

„Weihnachten ist mein Papa wieder bei uns eingezogen!" erklärt
sie dann.

„Und du hast deinen Papa wiederbekommen!" lacht Frau Müller-
Schmidtlein. „Ja. Da kann ich verstehen, daß das dein schönstes
Weihnachtsgeschenk ist!"

„Genau!" sagt Hanna und schlägt die Hände vor ihr Gesicht. Es
braucht ja niemand zu sehen, daß sie auf einmal weinen muß. Ob
das einer versteht, wie das ist, seinen Papa zu verlieren und ihn
dann plötzlich wiederzuhaben?

Die Weihnachtsnacht

In Bethlehem gab's kein Zimmer mehr.
Ein alter Stall stand nur noch leer.
Maria und Josef sind angekommen.
Der alte Stall hat sie aufgenommen.
Hier wurde das Kind zur Welt gebracht.
Hier in dem Stall mitten in der Nacht.

> Es gab auch Hirten in dieser Nacht,
> die hielten bei den Schafen Wacht.
> Da haben die Engel ihnen verkündet,
> wo man das Kind in der Krippe findet,
> das Gott in die Welt zu uns gesandt.
> So kam es, daß es ein jeder fand.

Drei weise Herren kamen von fern
und folgten froh dem hellen Stern.
Sie suchten den König, den Gott verheißen,
und nirgends ließen sie sich abweisen.
Sie fragten jeden und überall.
So kamen sie zu dem Kind im Stall.

> Wie jeder im Stall sich einst gefreut,
> so freuen wir uns alle heut,
> Gott hat uns den eigenen Sohn gegeben.
> Er schenkt uns Liebe und neues Leben.
> Wir feiern Weihnachten Jahr für Jahr
> und denken daran, wie's damals war.

Inhalt